五彩校园文化艺术活动丛书

五彩校园

校园文化艺术活动管理指导手册

李明华 ◎编著

吉林出版集团股份有限公司
全国百佳图书出版单位

前言
PREFACE

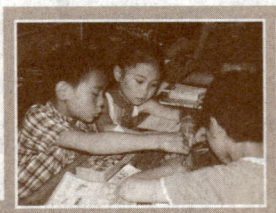

在党和政府的要求下，长期以来，学校文化艺术活动作为学校教育教学工作的一个重要组成部分，不仅是广大青少年建立兴趣爱好和成材的重要途径，而且是学校德育工作发挥巨大作用的主要因素。营造丰富多彩的校园文化，为广大青少年开拓广阔的成材之路，这是加强素质教育的要求，也是培养青少年未来实现中国梦想的要求。

学校开展形式多样的文化艺术活动，能够使广大青少年达到开阔视野、陶冶情操、增长才智、提高素质、沟通人际、适应社会以及改善知识结构和掌握实用技能等方面的效果。在这些文化艺术活动中，广大青少年通过接受不同形式、不同内容的有益教育，能够起到潜移默化的作用，这对造就和培养有理想、有道德、有纪律、有文化、适应中国复兴和实现中国梦的新一代人才有着十分重要的作用。

因此，越来越多的学校对于开展丰富的文化艺术活动和营造浓郁的校园文化环境给予了越来越多的投入和努力，学校里的音乐队、合唱团、舞蹈队、书画社、兴趣小组等，简直琳琅满目。因此，校园文化艺术活动的组织策划与指导就显得十分重要了。这就需要坚持先进文化的正确方向，以育人为根本目标，努力发展符合实际需要、并为广大师生喜闻乐见，且具有实效的校园物质文化和精神文化体系，真正营造五彩校园的文化氛围。

为此，根据党和政府有关政策和部门的要求以及国内外最新校园文化艺术的发展方向，特别编撰了《五彩校园文化艺术活动》丛书，不仅包括校园文化艺术活动的组织管理、策划方案等指导性内容，还包括阅读、科普、歌咏、器乐、绘画、书法、美化、舞蹈、文学、口才、曲艺、戏剧、表演、游艺、游戏、智力、收藏、棋艺、牌技、旅游、健身等具体活动项目，还包括节庆、会展、行为、环保、场馆等不同情景的活动开展形式等，具有很强的系统性、娱乐性、指导性和实用性。

本套丛书适当配图，图文并茂，设计精美，格调高雅，不仅是广大学校用于开展丰富文化艺术活动的最佳指导读物，也是大中小学学校领导、教师，在校大中小学学生、研究生、博士生以及有关人员学习的最佳实用读物，还是各级图书馆珍藏的最佳版本。

目录
CONTENTS

NO1.学校文化艺术建设指导

NO2.校园文化艺术活动实施指导

NO3.校园公共文化活动建设指导

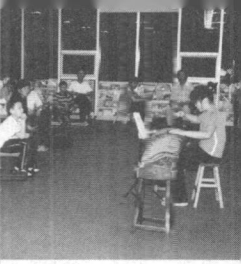

NO1.学校文化艺术建设指导

校园文化活动涵义与结构

校园文化的概念

学校是一个传播文化的场所，自学校产生以来，它就与文化结下不解之缘。但是，从这一意义上所讲的文化主要是作为学校教育内容的文化。

从学校管理研究的角度来看，学校本身就是一个文化载体，学校管理过程实际上是一个学校文化的形成、维护与发展的过程。

学校文化是一个内涵较为丰富的概念，既包括隐含在学校教育教

学现象背后的意识、价值、态度，是观念形态的东西，又包括能够体现这些观念的现象与活动。

尽管有的所使用的"校园文化"概念几乎是"学校文化"概念的同义语，但是，在大多数情况下，人们使用"校园文化"一语的内涵要窄得多，往往指反映学校价值的外在的现象，有时甚至变为学校校园环境的代名词。

人们通常将"校园文化"与"建设"两字联起来使用，从而使校园文化又体现为"活动"的性质。其实，我们所说的校园文化在内涵上要宽泛一些，与学校文化内涵是一致的。

学校文化是指一所学校内部所形成的为其成员共同遵循并得到同化的价值观体系、行为准则和共同的作风的总和。我国有关学者则使用了"校园文化"概念，强调学校文化的"校园"地域特性，并指出：

> 中小学校园文化是指以中小学校园为地理环境圈，以社会文化为背景，以学校管理者和全体师生员工组成的校园人为主体，在学校教育、学习、生活、管理过程中的活动方式和活动结果。这种方式和结果以具有校园特色的物质形式和精神形式为其外部表现并影响和制约着校园人的活动与校园人的发展。

> 这一界定反映了文化的普遍存在性、全面包容性、主客体统一性、动态发展性，特别是揭示了校园文化的本质意义在于影响和制约校园人的发展。

从以上定义可以看出，校园文化指的是：学校在长期的教育实践和与各种环境要素的互动过程中，创造和积淀下来并为其成员认同和共同遵循的信念、价值、假设、态度、期望、故事、轶事等价值观念体系，包括制度、程序、仪式、准则、纪律、气氛、教与学的行为方式等行为规范体系，以及学校布局、校园环境、校舍建设、设施设备、符号、标志物等物质风貌体系。因此，校园文化是各种文化要素的相互整合的产物，是一学校区别于其他学校的重要特征。

校园文化的结构

从不同角度给校园文化定义，校园文化就有不同的构成要素。校园文化有主流文化与亚文化之分。

所谓主流文化，指的是为大多数组织成员所共同抱持的核心价值观，在规模较大的学校组织中，与主流文化同时并存为一部分成员所拥有的文化便是亚文化。这里所谈的校园文化是针对主流文化而言的。校园文化包括许多因素。

1.教师文化

教师是学校组织体系中的领导者，其价值观念及行为方式对学校文化影响甚大。教师文化呈现三种相互对立的形态，分别是学术中心与教学中心的对立；专业取向与职业取向的对立；教学者与学习者的对立。

教师文化有四种不同的形态，即个人的文化：教师彼此隔离，其主要精力用于处理自己课堂事务；分化的文化：教师的工作彼此分立，有时会因为权力与资源而相互竞争；合作的文化：这种文化建立在教师之间的开放、互信和支持基础上；人为的合作文化：教师被要求围绕行政人员的意图与兴趣进行"合作"。

个人的文化与分化的文化是学校中较为常见的教师文化，人为的合作文化则给人以合作的假象。唯合作的文化既有助于教师的专业发展，也有利于学校文化的整体发展，是一种理想形态的文化。

2.学生文化

学生是学校教育的对象，学生的价值及行为不仅受社会文化的

影响，而且，由于学生处于身心发展的特殊阶段，学生文化具有独特的特征与性质。学生在班级和学校的生活或活动中，同辈团体相互影响，共同形成特殊的价值与行为，并成为学校文化的重要方面。

3.行政人员文化

学校行政人员文化具有潜在文化和非显著文化的性质。一般说来，学校行政人员的潜在文化与学校主流文化部分相符，有些行政人员对学生的态度或二者之间的关系，与教师的专业态度或关系不同，因而产生不利于学生发展的影响。

因此，学校行政人员文化对于学校事务的解决、对于学生的发展等都会产生深刻的影响。

4.学校社区文化

学校所处社区的文化是学校的外部环境，对学校发展影响甚大，它主要通过两种途径来影响学校教育：一是社区环境影响学生思想与

行为；二是社区环境直接影响学校教育教学活动与措施。

5.学校物质文化

学校所处的物质环境、校园大小、建筑设备、庭园布置等，都属于学校物质文化的范围，也是构成整体校园文化的重要因素。

学校物质文化对学生的心理发展、价值观念与态度、学习方式等都会产生很大影响，学校的文化传统往往可以借助学校物质文化予以保存与传递。

6.学校制度文化

学校中的传统、仪式、规章与制度，都是学校的文化规范。在学校生活中，学校的文化传统不论合理与否，都会通过学生的同辈团体、班级、年级等代代相传。

学校在学习、运动与生活方面的仪式是学校文化的象征，对学生的学习与发展有着深刻影响。

相比之下，学校规章制度比学校仪式更具强制性，适宜的学术传统及教育期望，均已融入学校的各种规章之中，成为约束学生行为的规范体系。

校园文化的性质与功能

校园文化的性质

校园文化的定义是从不同层面、不同角度、不同侧面来阐述的，由此反映出校园文化的性质也迥然各异，具有各自不同的性质。

1.校园文化的亚文化性

作为社会子系统的学校，无时无刻不处于社会政治经济文化的影响之下，社会政治、经济、文化领域的任何变革都会迅速反映到学校文化中来。同时，学校文化也在不断地批判、选择、接受、传递社会的主流文化。

因此，学校文化与社会主流文化密切相关，与社会主流文化相比，学校文化处于亚文化的地位，学校文化反映了社会主流文化的基本精神。

此外，学校组织的特殊目的和功能及其成员构成的特殊性，都显现出校园文化与社会文化迥然不同的特点。校园文化的这种特殊性表现在两个层面。

一方面，由于学校教育是为未来社会培养人才，校园文化不可能认同已有的全部社会文化，而必须依据学校教育自身的原则对社会文化做出选择。

另一方面，学生是校园文化形成与发展过程中的重要群体，作为成长发展中的年轻一代，他们所形成的文化往往具有鲜明特点。例如，它的时尚性、超前性等，这些都不同于成人文化。

2.学校组织文化的综合性

校园文化包括教师文化、学生文化、行政人员文化、社区文化、学校物质文化、学校制度文化等诸多层面，从某种意义上讲，校园文化是这些文化构成要素的综合和融合。从文化主体来看，校园文化主要包含三个层面，即社区文化、教师文化和学生文化。

学校的社区文化来自于学校之外，传递着社会的价值与观念，学校的传统、教学内容及行政管理无不深受国家和社区价值观与文化模式的影响。

学校的教师文化在一定程度上是社会主流文化的代表，同时也是学校传统以及学校所倡导的主流文化的代表，是学校文化的执行者，同时也是学校文化的创造者。

学校的学生来自于不同的社会阶层与群体，具有不同的文化背景，因此，学生文化本身在一定程度上就是各种文化的交融体。

校园文化不是单一类型的，并非所有师生都信守同一价值观念，或在同一活动中表现同样的行为方式。校园文化的这种综合性也决定了它的多样性。

在学校组织中，既有为大多数人所遵循的"主流文化"，同时也存在为少数人所拥有的"非主流文化"。虽然我们所谈论的校园文化，一般是指校园文化中的主流文化，但是，非主流文化的作用和影响也不可忽视。

3.校园文化的整合性

校园文化的整合性是从校园文化形成与发展的动态过程来看待校园文化的，校园文化所表现出的综合性，即校园文化的形成与发展过程是教师文化与学生之间的冲突与和谐、对立与统一的过程。

教师群体与学生群体是学校中的两大主要成员，但两者在价值观念、行为模式以至内在期望等方面都有着不小的距离，因此，学校中的文化冲突现象十分普遍。

美国学者华勒在分析这种对立现象时指出："权威操在教师手中，教师永远胜利。事实上，教师必须获胜，否则无法继续担任教师。"

华勒指出，教师可以合理而适当地运用权威使文化冲突变为文化整合，但是，每一次文化整合之后，新的文化冲突又会发生，教师仍须运用其权威，实现进一步的整合。

由此，校园文化就是这样一个不断冲突与整合的过程，而正是在这样一个不断冲突与整合的过程中，校园文化发挥着对年轻一代的教育功能。

4.校园文化的目的性

尽管校园文化客观上受到社会文化的影响，但学校的领导人和广大教师总是有意识地维护和改造着校园文化，使之反映学校教育的理想与办学目标，体现出校园文化的合目的性。

仔细研究校园文化的构成，就会发现，校园文化由两部分构成：一是自然形成的文化，这类文化既有积极因素也有消极因素；二是学校领导者与广大教师有意识有目的地努力形成的文化。

换言之，学校的教育者总是努力发挥校园文化中积极因素的作用，而尽量消除那些消极因素之于年轻一代的影响，从而使学校组织成为一个理想的文化环境。

此外，当学校教育的理念发生变化时，学校教育者也总是有意识地改造学校文化，使之符合先进的教育理想。简而言之，倘若学校文化失去了目的性这一特点，学校组织的教育功能也会随之消失殆尽。

总之，校园文化作为一种社会组织文化，它总是在选择和吸收社会组织文化。特别是其中有价值的成分，并根据一定的原则，加以目的性的改造，吸取其精华，剔除其糟粕，并通过学校教育教学活动和管理活动，不断加以融合，形成具有自身特色的组织文化。

校园文化的功能

校园文化对于学校组织及其组织成员的发展，有着十分重大的意义，但许多人在探讨校园文化的功能时，却往往只关注校园文化的积极功能，却忽视其消极功能。实际上，在任何一个组织当中，组织文化的这两种功能都不可避免地存在着。

1.校园文化的正向功能

组织文化具有促进系统的稳定、提供意义的理解、增进成员的认同、划定组织的界限、作为控制的机制、激发成员的投注、提升组织的表现等功能。具体来说，校园文化的正向功能可分解为七个方面功能。

（1）教育功能。学校是培育人才的场所，学校中的各种教育教学活动与管理活动，无不围绕学校的教育目标展开。无论是校内的各种媒体、场馆、教学设备，还是良好的校风、校貌，各种规范、规章等，以及悠久的学校历史传统和独特的办学风格，都以其蕴涵的文化

力量潜移默化地影响着、教育着身处其中的学生，从而使校园文化的教育功能尽量展现出来。

此外，学校中优美的交园环境、良好的师生关系、民主的管理氛围、丰富多彩健康向上的社团活动，无一不给人以身心愉悦之感，长期置身于这样的文化氛围之中，易形成积极、乐观、向上的价值观和生活态度。

（2）导向功能。校园文化是社会文化系统中的亚文化，它同时又是学校领导者和教育者有意安排和引导其发展方向的文化。因此，学校在一定程度上反映和折射出社会文化的主体导向，并对学校组织发展以及青少年学生的身心发展起着一定的导向作用。

学校管理者通过各种文化活动，把师生员工引导到实现学校目标所确定的方向上来，使之在确定的目标下从事教育、教学和管理活动。当学校的发展目标为师生员工所吸引、接受和认同，就会焕发出极大的工作和学习热情，就会在潜移默化的氛围中形成共同的价值观念，并产生一种信念和力量，向着既定的目标去努力。

（3）凝聚功能。校园文化为成员提供了进一步理解、认同学校组织的载体。从根本上讲，组织文化是一种意义理解的框架，使成员了解组织的历史传统、精神、目标，组织文化也反映成员在认知、情感等方面的共识，满足成员的组织归属感。

在共同组织文化影响下，组织成员拥有共同的价值观念、工作作风和行为方式，增进成员对组织的认同感，成员之间的认同感也会得到加强，感情会更为融洽，从而减少或化解组织矛盾与冲突，同心同德，步调一致，共同为实现学校组织目标而努力。

因此，校园文化为组织成员提供了共同的知觉、思考、理解的模式，是组织整合成员沟通的重要基础，是联系和协调学校所有成员思想与行为的纽带，具有较强的凝聚作用。

在学校管理实践中，当一种观念被教职工认同后，就会以一种"润物细无声"的方式来沟通人们的思想，产生对学校目标的认同感，从而形成一股强大的凝聚力量，并由此产生巨大的整体效应。

（4）激励功能。校园文化是一种内化的规范力量，组织成员对学校组织文化的理解、认同他们所信奉的价值以及蕴藏于内心无意识的假设等，都可能激发、驱使组织成员对学校组织的生存与发展、对学校教育事业的改革与发展等，投入极大的热情与关注，从而不计个人利害得失，以积极的态度和热情投身到学校工作之中。

（5）规范功能。校园文化的规范功能一方面体现在组织建设上，另一方面体现在学校组织成员的行为规范上。就前者而言，校园文化为学校教育教学工作和学校管理工作的开展提供了活动的框架。学校在进行组织结构设计、制定和实施组织规章制度、解决组织冲突与矛盾的过程中，都离不开对学校校园文化所蕴含意义与价值的理解，学校的各种制度与规范都会与学校的主流文化保持一致。

（6）标识功能。校园文化是学校组织区别于其他组织的界限。

校园文化使学校呈现某种独特的氛围，使学校与其他社会组织甚至其他学校区别开来。

学校组织成员，如教师和学生，长期受到校园文化潜移默化的影响和熏陶，对校园文化所蕴含的意义与价值有较深入的理解与体会，也会表现出某种特有的气质，从而与其他组织成员区别开来。至于学校的校训、旗帜、口号甚至校服、建筑等蕴含校园文化价值的文化资源，更是学校组织十分显明的标识物。

（7）稳定功能。校园文化是学校共有的价值与意义体系，在学校系统的运作与发展过程中，往往成为组织团结与稳定的重要力量，使学校组织能够面对并解决来自学校内部与外部的种种环境挑战，使学校组织免于混乱与动荡，也减轻学校组织成员面临各种不确定因素而产生的焦虑，确保基本的组织安全与保障。

2.校园文化的负向功能

我们可以从多种角度来认识组织文化的负向功能，例如，矛盾与冲突尖锐的组织文化，必然带来组织整合、行政运作方面的困难，并导致组织效能的低下。学校组织的保守性，决定了学校组织文化强调稳定、平凡的一面，这往往使学校陷于封闭、呆板，排斥创新与改革。

形式主义盛行的组织文化具有反求真、不务实、反科学的负面功能，权威主义的组织文化具有反民主、反专业的负面功能，落后的组织文化具有反革新、反适应等负面功能，影响学校组织适应环境持续发展的能力。

功利主义的组织文化则追求实惠，具有反教育、反理想、反价值的负面功能等。这些例子似乎有些极端，通常情况下，学校校园文化的负向功能往往会在下列情况下表现出来。

主流文化与亚文化的矛盾与冲突，导致组织整合困难。每一社会组织都存在许多亚文化，而且，这些亚文化往往与主流文化之间、亚文化与亚文化之间都在一定程度上存在着矛盾与冲突，所以，人们称学校中的亚文化为"冲突的亚文化"。

在学校组织中，一旦学校的主流文化与亚文化产生冲突，就会给组织整合带来诸多困难，并导致组织效能的下降。因此，在学校组织中，积极培育一个强有力的主流文化，是十分必要的。

校园文化的保守性成为学校组织变革的障碍。从根本上讲，校园文化是一种保守性的文化，学校总是将人类文明积淀下来的既成文化成果传递给年轻一代。学校教育的性质决定了学校教育过程往往是一个文化积累的过程，而不是一个文化创新的过程。

学校教育的成果往往具有长期性、滞后性的特点，这些都决定了校园文化所不可避免地具有的保守性质。我们可以从多种角度来认识学校文化阻碍学校组织变革所表现出的负向功能。

首先，校园文化促进了学校组织的稳定与安全，但是，当学校组织面临外界环境挑战并需要进行变革时，校园文化往往会表现出一种安于现状的惯性或惰性，使得学校组织无法做出即时地反应，顺应环境的变迁，适时扭转劣势或创造先机。

其次，校园文化促进成员对组织的认同，在思想与行动上达成共识，有利于培育员工对学校组织的忠诚。但是，这也有可能使学校组织成员产生依赖情结，陷入不切实际的陶醉与乐观，而当学校组织面临困难与挑战时，则容易形成群体的逃避情绪。

第三，校园文化对学校成员的思想与行为具有一定的规范与控制作用，这有助于维护和巩固学校组织系统。但是，这也往往会使学校组织排斥各种新观念的影响，减少组织变革与发展的机会。

第四，在特殊情况下，如果学校校园文化与学校组织目标发生偏差，并且为多数组织成员所认同，学校校园文化就会引致错误的组织发展方向，非但不利于组织目标的认同，反而会妨害组织目标的达成以及

组织的持续发展，这种文化影响越大，学校组织所蒙受的损害越多。

此外，对于一些办学历史悠久的老学校而言，学校传统的文化积淀甚厚，往往为学校领导者与广大员工视为学校发展过程中的精神财富。但是，这种精神财富也使之成为学校变革与创新的障碍，使学校组织运作僵化，不能顺应时代变迁而进行变革。

总之，校园文化在组织的稳定与发展、组织效能的提升、成员的归属、认同与沟通等诸多方面都发生着重要影响。校园文化也存在着阻碍组织变革、主流文化与亚文化矛盾与冲突等负向功能。

学校管理者要做的是重视校园文化建设，注重发挥校园文化的正向功能，最大限度避免或克服各种负向功能，立足当前，放眼未来，勇于创新，大胆实践，在改革中大力加强校园文化建设，使之更好地为学校教育教学服务。

校园文化的特征与内容

校园文化的特征

1.互动性

校园文化是学校教师与学生共同创造的。这里教师的作用，学校领导的作用，即教师的作用是关键。领导者的办学理念、办学意识和行为对师生员工的影响不可低估，对校园文化建设的作用也是巨大的。

2.渗透性

校园文化像和煦的春风一样，飘散在校园的各个角落，渗透在教师、学生、员工的观念、言行、举止之中，渗透在他们的教学、科研、读书、做事的态度和情感中。

3.传承性

校风、教风、学风、学术传统、思维方式的形成，不是一代人，而是几代人或数代人不自觉缔造的，而且似乎有一种遗传因子，代代相传相沿成习，。任何一种校园文化，一经形成之后，必然传承下去，不因时代、社会制度不同而消失，当然会有所损益，然而其精神实质却是永续的，永生的。

校园文化的内容

校园文化是学校所具有特定的精神环境和文化气氛，它包括校园建筑设计、校园景观、绿化美化这种物化形态的内容，也包括学校的传统、校风、学风、人际关系、集体舆论、心理氛围以及学校的规章制度和学校成员在共同活动交往中形成的非明文规范的行为准则。

健康的校园文化，可以陶冶学生的情操、启迪学生心智、促进学生的全面发展。当代校园文化建设进入了网络环境，应运而生的各种网络社团，校园文化宣传站从软件上提升了校园文化。

校园文化建设的宗旨有助于培养德才兼备、体魄健全、身心健康的社会主义建设者。学校是培养人才的园地，在这里我们的一切教学工作、一切科研工作、一切师生参与的活动，都应以学生的健康成长为中心。就此而言，可以说学校的一切都是为了学生。

校园文化建设的任务，就是贯彻党的教育方针，培养社会主义建设者。在这里，首要的是培养学生成为良好的"四有"公民，即有理想、有道德、有文化、有纪律的一代新人，特别是要培养具有中国梦想的青年一代。

创建校园文化方法与作用

创建校园文化的方法

校园文化是由物质文化、行为文化、制度文化和精神文化组成的有机整体，是学校教育的重要组成部分，校园文化能够体现学校的价值取向，展现学校的风貌，是具有强大引导功能的教育资源。

校园文化建设应当以三个面向、科学发展观和中国梦想为指南，

以全面贯彻教育方针、全面提高教育教学质量为宗旨，以全面实施素质教育、培养学生创新精神和实践能力为出发点，突出"以人为本、和谐育人"的办学理念，强化"三风"建设，为学生的成长、教师水平的提高和学校的发展，创设优良的人文环境与和谐发展氛围。

校园文化建设应遵循"总体规划、分步实施、体现个性、促进发展"的原则。在校园文化建设中，物质文化是推进学校文化建设的必要前提，是校园文化建设的重要组成部分。校园物质文化，属于校园文化的硬件建设。完善的设施、合理的布局、各具特色的建筑和场所，能使人心旷神怡、赏心悦目，有助于陶冶校园人的情操，塑造校园人的美好心灵，激发校园人的开拓进取精神，促进校园人的身心健康发展。

校园文化建设应突出全员参与，开展各种创建活动，形成行为文化。校园行为文化是师生文明素质的表现，是校园文化建设的最终体现。学生良好行为习惯的形成可以转化为一个人内在的性格情操，并影响学生一生的发展。因此，要培养合格人才，在青少年时期就必须高度重视良好行为习惯的养成。

校园文化建设应通过建立各项规章制度，形成制度文化。校园制度文化作为校园文化的内在机制，是维系学校正常运转的必不可少的保障机制。"没有规矩，不成方圆"，只有建立起完整的规章制度，才能规范师生行为，保证校园各方面工作和活动的开展与落实。

校园文化建设应通过提炼体现时代要求的办学育人理念，形成精神文化。校园精神文化是校园文化的核心，是学校的灵魂，是一个学校本质、个性、精神面貌的集中反映。校园精神文化集中体现在校风、教风、学风的"三风"建设上。"三风"建设是校园文化中精神文化的内涵，是校园文化的核心内容，是学校的巨大精神财富，是推动学校前进的精神力量。

创建校园文化的作用

校园文化在当今教育中应该发挥重要的作用，校园文化是常新的，但是能够保持永恒的魅力，是能够唤起青年一代心灵的，是能够激发青年学生激情，是能够唤起青年一代高尚的、独立的人格追求和高尚的道德追求等。

1.校园文化是一种氛围和精神

校园文化是学校发展的灵魂，是凝聚人心、展示学校形象、提高学校文明程度的重要体现。校园文化对学生的人生观、价值观产生着潜移默化的深远影响，而这种影响往往是任何课程所无法比拟的。

健康、向上、丰富的校园文化对学生的品性形成具有渗透性、持久性和选择性，对于提高学生的人文道德素养、拓宽同学们的视野、培养跨世纪人才具有深远的意义。

2.可以极大提升学校文化品位

古人云，"近朱者赤，近墨者黑"。学校的校容校貌，表现出一个学校整体精神的价值取向，是具有引导功能的教育资源。

校园文化作为一种环境教育力量，对学生的健康成长有着巨大的影响。校园文化建设的终极目标就在于创建一种氛围，以陶冶学生的情操，构筑健康的人格，全面提高学生素质。

3.是学校综合实力的全面反映

校园文化建设包括学院物质文化建设、精神文化建设和制度文化建设，这三个方面建设的全面、协调发展，将为学校树立起完整的文化形象。

校园文化是一所学校综合实力的反映，其核心竞争力主要表现在文化的凝聚力和创造力。优秀的校园文化能够赋予师生独立的人格、独立的精神，激励师生不断反思、不断超越。所以，校园文化建设是学校发展的重要保证。

校园精神文化的内涵

　　学校精神文化是一所学校在长期教育实践过程中所创造和积淀下来的并为其师生员工所认同和遵循的文化传统、价值观念、道德情感、思维方式、心理情趣、人生态度及政治观念等。

　　从心理学视野出发，学校精神就是学校群体在长期的教育、教学实践中积淀下来的共同心理和行为中体现出来的群体心理定势和心理特征。学校精神是学校文化的内核和灵魂，是学校整体精神面貌的体

现，是学校生存和发展的原动力，是学校成熟和内涵发展的反映。

学校精神文化的特征

我们可以从学校精神文化的性质、存在形态以及形成与发展动态历程等不同角度来把握、认识和理解学校精神文化，具有许多特征。

1.先进性

与其他社会文化相比，学校精神文化往往更能体现社会主流文化所代表的民主、科学、理性的价值规范，表现出与时俱进的时代特征，进而成为社会主流价值与时代精神的代表。

由于学校的文化主体主要是青少年，因而使得学校精神往往表现为面向未来。既立足现实而又高于现实，不断追求新的理想，有时，还会表现出一种时尚性。

此外，学校精神文化的先进性还表现在学校文化不仅反映时代精神，在某些历史条件下，还起着引导、推动社会文化的作用，成为新时代文化的先行者。

2.稳定性

虽然学校精神文化在不同的办学历史时期都会吸收各种社会文化与时代精神，表现出与时俱进的时代特征。但是，从根本上讲，学校精神文化是学校在长期的教育变革实践中逐步发展并不断累积而形成的，凝聚了学校文化传统的精华，并为学校及其成员引为自豪，具有一定的传承性与稳定性。

此外，学校精神文化一旦形成，便成为学校广大师生员工认同的理想与行为准则，成为学校以及学校各类人群的精神支柱和参与学校生活的强大动力，形成一个富有教育意义的外部教育环境，使人们持续不断地受到潜移默化的教育影响，从而使人们的思想、意识与行为可以在一定程度上保持稳定与统一，使学校精神文化在一个较长时期内得到维系、巩固与持续发展。

3.独特性

学校精神具有特定的个性特征，是一所学校校园精神文化区别于另一所学校校园精神文化的根本所在。各级各类学校的学校精神都有其共同之处，如求是精神、求真精神等。

但是，由于不同学校间历史传统、具体工作的指导思想、学校所在社区文化环境等方面因素的差异，就会使生活于不同学校的师生员工在思维方式、行为方式等方面有所不同，从而形成区别于其他学校的文化传统。

4.内隐性

学校精神文化作为校园文化的灵魂，深深根植于学校文化的每个层面，根植于学校中各类人员的思想意识中，并对个体的态度、价值、情感以及思想意识等持续不断地发挥着潜移默化的影响作用。外观上表现为学校的教育理念、校风、教风、学风等。从某种意义上讲，精神文化的这种内隐性使得它比制度文化更易于被广大师生员工所接纳。

5.弥散性

学校精神文化体现和贯穿于学校组织的物质文化与制度文化之中，弥漫于校园生活的各个层面。这种看似无形但却无处不在的精神文化，具有强大的影响、渗透与熏陶功能，处于成长与发展过程之中的青少年学生，置身于校园生活之中，毋用接受繁琐说教，便会自然而然地感悟到学校文化对自己心灵的净化与情感的熏陶。

学校精神文化的内容

学校精神文化是在学校文化传统基础上，通过学校文化主体长期的教育教学实践活动，经过反复地积淀、选择、提炼和发展，为学校及广大师生一致认同的主体精神文化。

学校精神文化的内涵十分丰富，既包括学校的教育理念、学校成员的世界观、人生观、价值观、道德观等意识形态观念，也包括学校成员的思维方式、情感模式等。

学校精神也是学校精神风貌、个性特征、社会魅力的高度表现，并内化为学校成员的思想观念和行为准则，从而形成和决定学校组织文化在思想、感情、信念和观念等方面价值取向的一致性，教育和塑造着学校成员的心理、性格和自我意识。

现代学校精神应与时代精神和谐统一，我们所面临的知识经济社会使我们步入了一个全新的、伟大的时代，它不仅是一场科学技术的革命，更是一场思想意识的革命，一场社会的革命，一场社会生活方式的革命。

从而使得人们从重视物质价值转向重视知识价值，使人们真正看到了知识在经济增长中的重大作用，它促使人们对"什么知识最有价

值"这一经典命题进行反思，传统的科学技术知识在经济发展中的作用已被高新技术知识的作用所取代。这种时代精神的特征至少体现在以下几个方面：

1.快速的变化

时代变化的节奏加快，社会变化的幅度与强度增强，社会结构性变化的周期缩短，打破了原有平稳缓慢的发展格局。这种时代精神要求人们立足变革，用发展的眼光，用未来时代的要求来看待今天的社会及其变化。

2.多元的格局

世界和社会由于急剧的发展变化而变得多元、多彩，单一、平衡的局面被打破，不确定性和选择性俱增，成功与失败并存，挑战与机遇同在。它要求人们学会选择，通过选择寻求适合自己发展的空间和途径。

3.人的主体价值

以人为中心的时代不断地高扬人的价值，呼唤人的主体意识与主体精神。随着市场经济的建立与完善，许多社会组织日益成为自主经营、自负盈亏、自我约束、自我发展的独立法人实体，人的主体性问题不再是一个只有哲学家才谈论的话题。只有把握自己的命运、保持自己追求的人，才能适应风云变幻的社会。

校园物质文化的内涵

　　一个学校的校园建筑用料、校园规模、建设风格以及布局安排等一切，蕴含文化蕴味的东西皆属于一个学校的物质文化。学校的物质文化反映的就是学校校园中具有文化韵味、承载文化内涵的物质环境。

　　环境心理学认为，人的行为心理与环境是相互联系、相互作用的，人塑造了环境，但同时又受到环境的影响，环境对人的行为、心态具有一定的导向约束作用。

学校的物质环境既是学校文化运作的客观结果，它表达着学校业已形成的价值观念、审美情趣和道德风尚，同时，学校的校容校貌又每时每刻都在影响着师生员工的活动。

学校物质文化的影响，主要表现在以下四个方面：一是影响学生的心理平衡；二是影响学生的价值观念及态度；三是影响学生的学习方式；四是有利于学校传统的保存和传递。

良好的校容能产生积极的心理效应，提高学校成员工作和学习的士气，不良的校容却可能产生消极的心理反映，破坏学校成员的工作和学习情绪。

不同类型的学校物质环境也可能形成不同的组织气氛，色彩的冷暖选择、线条的曲直搭配都有可能引起师生员工相异的情绪反应特征，例如：色泽明快、线条简洁的现代化校园往往会形成一种积极进取、开拓创新的气氛；古朴典雅、色彩凝重的古风校园使人感受到严谨求实、深沉渊博的氛围。

校园内象征性的标志则容易激励师生员工高昂的热情和坚韧的意志，以及唤起学校成员浓厚的爱校意识。

在建筑风格方面，研究表明，19世纪末，学校被设计成工厂样式，体现了注重效率和把教育与生产相类比的教育观念。

后来，许多学校又被设计成城堡模样，有塔、有石灰石装饰，有深色橡木楼梯间，体现了严肃求实、深沉厚重的教育理念。进入现代社会以来，建筑师又将学校设计成私人化的学习环境。

在现时代，学校建筑规划、设计和建造，既要遵循"功能分区、合理布局"，又要有利于教师和学生的审美发展，满足其对美好事物的基本需要和鉴赏欲求。

学校建筑结构本身的色彩、构造、线条和形式要体现一定的美学意蕴，注意传统风格与现代气息的结合，并注意多种艺术形式和装饰的融合。

一个赏心悦目、和谐奋进的校园环境，将起着调节师生紧张的脑力劳动和心态情绪，提高脑力活动的效果，使人受到美的熏陶，并产生奋进力量的作用。一所学校的校园环境应形成自己的特色，富于象征意义，反映学校文化内涵，使校园奇葩争艳、色彩斑斓，富于生机与活力。

学校教室或学校教育场所的布置对教师和学生的心理也会产生一定的影响：干净、整洁、整齐、令人赏心悦目的教室会使教师和学生产生欢乐、舒适、享受、力量的感受以及愿意在其中活动的愿望；相反，布置得一团糟的教室则会使教师和学生产生单调、疲乏、烦躁、不满，甚至敌对的情绪。

在教室墙壁上布置一些健康、优美、与青少年教育有关的图画，既可增加教室环境的美感，又可以促进学生身心的健康发展。

校园组织文化结构与性质

　　校园文化是一个内涵较为丰富的概念，既包括隐含在学校教育教学现象背后的意识、价值、态度等观念形态的东西，也包括能够体现这些观念的现象与活动。

　　尽管有的时间所使用的"校园文化"概念几乎是"学校文化"概念的同义语，但是，在大多数情况下，人们使用"校园文化"一语的内涵要窄得多，往往指反映学校价值的外在现象，有时甚至变为学校校园环境的代名词。而且，人们通常将"校园文化'与"建设"两字联起来使用，从而使校园文化又体现为"活动"的性质。

　　一般使用"学校文化"的概念，这与"学校组织文化"和"学校文化"等概念在内涵上是一致的，只不过前者更加强调学校文化在学校组织管

理方面的意义。

学校文化的内容结构

学校组织文化的内容十分丰富，从不同角度对学校组织文化的构成要素进行分析，从而有助于我们进一步理解学校组织文化的内涵。

学校组织文化有主流文化与亚文化之分。所谓主流文化，指的是为大多数组织成员所共同抱持的核心价值观，在规模较大的学校组织中，与主流文化同时并存为一部分成员所拥有的文化便是亚文化。当我们讨论学校组织文化时，一般指的是主流文化。有人认为，学校组织文化包括许多因素：

1.成就目标与成就意识

学校要有符合时代特征、又有个性特点的成就目标。根据各个学校的条件，目标大小及水平高低会有所区别，但是否具有进取、革新精神则是重要的文化标识。

同时，学校是否鼓励成员的成就意识，工作气氛是否以教育和学术研究为重心，以及日常活动中是否培养勤奋、严谨的作风等，都是学校文化的基本内容。

2.目标认同度与组织凝聚力

成员对学校目标的认同程度以及由此所体现的组织凝聚力，其中包括师生员工与组织目标保持一致的程度，承认学校团体利益高于个人利益、愿为学校发展付出努力与代价的程度等，这一指标的直接感性体现从学校员工与领导之间的相互关系就可以体现出来。

3.管理者对人的关注程度

管理者普遍对人的本性抱有一种什么样的哲学观：是否尊重每个人的人格；对所有人是否都公正无私，一视同仁；是否对有缺点的人抱有宽容、帮助的态度；是否真正认可师生员工的主动精神、尊重他们的民主权利。

4.对控制的态度与操作

控制是用于监督和约束学生与教职工行为使之符合规定要求的管理行为，控制在不同的组织、任务和对象面前是有不同要求的。控制的文化冲突表现在如何处理执行制度与关怀人、尊重人、促进人的发展关系上。

5.学校与社会环境的关系

学校是否勇于承担应负的社会责任，将公众利益放在首位；是否具有开放的态度，有远见地适应环境变化，不断对自己进行革新。

上述研究都不同程度地分析了学校组织文化所涵盖的内容，所描述的每一方面内容，对学校组织文化的构成而言，都十分重要，值得学校管理者在日常的学校管理工作中审查。

学校组织文化的性质

美国学者华勒曾将"学校文化"定义为"学校中形成的特别文化"。在他看来，这种特殊性体现在以下几个方面：

（1）学校文化的存在使学校的成员尤其是学生，深受各种规范的影响，从而满足了成员的需要，便要求进行学习。

（2）学校文化形成于年轻一代的文化和成人有意安排的文化。所谓年轻一代的文化，是学生团体中的各种习惯、民俗、民德、传统、规章、社会结构所形成的，其形态为成人文化的反映，其内容则与成人文化有别。

（3）学校存在着文化冲突，一方面表现为教师所代表的学校组织文化与对学生产生深刻影响的地方社区文化之间的冲突，另一方面是教师所代表的成人文化与学生同辈文化之间的冲突。

学校组织文化的亚文化性作为社会子系统的学校，无时无刻不处于社会政治经济文化的影响之下，社会政治、经济、文化领域的任何变革都会迅速地反映到学校文化中来，同时，学校文化也在不断地批判、选择、接受、传递社会的主流文化。

学校文化与社会的主流文化密切相关，与社会主流文化相比，学校文化处于亚文化的地位，学校文化反映了社会主流文化的基本精神。此外，学校组织的特殊目的和功能及其成员构成的特殊性，都显现出学校组织文化与社会文化截然不同的特点。

学校文化的这种特殊性表现在两个层面：一方面，由于学校教育是为未来社会培养人才，学校组织文化不可能认同现存的全部社会文化，而必须依据学校教育自身原则对社会文化做出选择；另一方面，学生是学校文化形成与发展过程中的重要群体，作为成长发展中的年轻一代，他们所形成的文化往往具有鲜明的特点，例如，它的时尚

性、超前性等，这些都不同于成人文化。

学校组织文化的目的性。尽管学校文化客观上受到社会文化的影响，但学校的领导人和广大教师总是有意识地维护和改造着学校文化，使之反映学校教育的理想与办学目标，体现出学校组织文化的目的性。

仔细研究学校文化的构成，就会发现，学校文化由两部分构成：一是自然形成的文化，这类文化既有积极因素也有消极因素；二是学校领导者与广大教师有意识有目的地努力形成的文化。

学校的教育者总是努力发挥学校文化中积极因素的作用，而尽量消除那些消极因素对年轻一代的影响，从而使学校组织成为一个理想的文化环境。此外，当学校教育的理念发生变化时，学校教育者也总是有意识地改造学校文化，使之符合先进的教育理想。

校园制度文化与行为文化

学校制度文化

制度管理是学校管理的基本形式，学校制度文化是学校规范化管理的基础。优良的文化行为需要辅之以规范化的常规管理。学校文化的形成，尤其是学校组织建立之初，需要一系列的规章制度对学校教职员工和学生的管理、教育、教学、学习、生活等各类行为加以约束和规范。

学校制度文化是指学校文化中的制度部分，包括学校各种条例

化、文本化的规章制度、行为规范、纪律等，以及学校中那些无形的习惯、约定俗成的规范等。学校制度文化往往体现和规范着学校组织中比较稳定的互动模式和交往关系，反映了学校组织中各种不同的社会地位和角色特征。

学校制度的制定与执行情况，往往从一个侧面反映了制订者和执行者的教育思想和价值观念，从而形成一种学校组织特有的文化现象。

通过各类、各种形式的规定制度，来限定、约束学校教职员工及学生的行为举止，是学校建立和完善学校制度文化的目的，因此，学校制度文化往往表现以下特征：

1.政策性

国家和地方教育行政部门制定的学校管理制度本身就具有很强的政策性，学校自身制定的管理规定也是根据党和国家的教育方针和政策制定的，其各项要求和规定都必须符合党和国家的政策法令、法规，符合教育方针、政策，符合国家颁布的有关条例守则等。

2.科学性

学校管理制度应反映学校教育教学的基本规律和学校实际情况，对师生员工的工作、学习、生活、劳动、文娱、体育等活动要进行统筹安排，提出严格科学、合理合法、切实可行的要求。

3.稳定性

学校管理制度旨在规范学校处于某一历史发展阶段的活动与工作，是根据学校教育教学规律、学校管理规律以及人才培养规律而制定、并为广大师生员工认同和遵守的规定和法则，它在一定程度上规划了学校在一定历史发展过程中的结构性框架。因此，学校管理制度应在一定的历史时期内保持相对稳定。

4、严肃性

学校管理制度的制定要遵循科学的、民主的、公正的程序，广泛听取各方面的意见和建议。但是，学校中的各项规章制度一经制定并公布实施，学校广大师生员工理应维护其严肃性，任何人都必须严格遵守，做到令行禁止，赏罚分明。

5.教育性

学校管理制度是学校师生员工共同遵守的行为准则，各种规章制度以及每一项具体条款的制定与实施，都应坚持以人为本的原则，赋予学校各项工作以教育的意义，从教育的目的出发，有针对性地对师生员工进行教育。

学校行为文化

所谓学校行为文化，是指学校主体所表现出的文化形态，其内容包括：一是师生员工的生活方式、行为方式、思维方式以及在此基础上形成的校风、教风、班风、学风等学校气氛；二是表现为多种形式的文化、体育、娱乐活动。学校行为文化是观念文化的外化。

美国有关学者认为，如果学校文化是显著的，那么教学改进将是有意义的、持续不断的和普遍的；反之，如果学校文化呈现弱势状态，那么学校教学的改进将是短暂的、散漫的和缓慢的。美国学者认为，有十二种行为文化影响学校的改进：

（1）同心协力：学校员工相互协作。

（2）尝试新事物：教学是一种充满智慧的有意义的活动，教学管理人员应激励广大教师勇于尝试新的思想和技巧。

（3）高期望：学校教师和管理人同不断追求卓越，并对学校寄予高期望。

（4）信任与信心：教学管理人员与家长信任教师的专业判断与承诺，教师有信心促进自己的专业能力的发展，设计

恰当的教学活动。

（5）明确的支持：教师在教学改革过程中需要支持时，学校及管理人员能够给予时间与资源方面的支持。

（6）具有知识基础：教师具有丰富的教学技巧、教学方法以及关于学生学习、学生认知与情感发展的知识基础，而且这些知识基础具有实用性与可行性。

（7）赏识与认可：在学校活动中，教师有良好的教学表现，应得到赞誉与鼓励。

（8）关怀、庆祝与幽默：学校不定期举办各种庆祝会，以显现彼此的关心，对同事有幽默感，形成一种和谐的气氛。

（9）参与决策：鼓励教师参与学校决学校决策，激发教职工的凝聚力与向心力。

（10）维护学校的重要之事：教学与学习是学校的重要之事，管理人员应使各种会议与行政事务减到最低程度，以

免影响教学。

（11）传统：任何学校都有自身的传统，这些传统或表现在学校仪式上，或表现在学校活动上，它们是学校生活的一部分。

（12）诚实、开放性沟通：教职员工坦诚相见，彼此诚恳地表达意见，避免无谓的猜忌。

学校行为文化在很大程度上体现在学校组织气氛上。所谓组织气氛，是指一所学校区别于另一所学校的一系列组织心理特征，主要包括学校组织成员共同的价值观念、社会信念和社会标准等。

共同的价值观念是对事物的一种认同，例如，善良、成功、务实和工作等；社会信念是对人及其社会生活性质的看法，例如学生、教师和管理人员相互间的态度；社会标准是关于社会生活中合适举止的一种认同，例如有关穿着的规范和反对偷窃的准则。

共同的价值观念是一个组织内部长期形成的既可以让成员亲身体验到又对成员行为产生影响的文化氛围。教师作为一个组织群体，也有许多不同行为特征对学校气氛产生很大影响：

1.敷衍了事

指教师缺乏真正的工作责任感，在工作过程中有只想"快点完事"的倾向，不能认真地对待工作，工作很难完善得尽善尽美。

2.工作障碍

指教师疲于行政事务和其他毫无必要的"麻烦事"，在这样的学校里，教师超负荷地做着各种与教育教学无关的事务，教育教学工作失去了作为学校重心工作的地位，处于被忽视、被耽误的境地。

3.精神状态

指教师群体的道德、精神和士气。不同学校的教师，有着不同的

精神状态，有的士气高昂、精神饱满，有的则士气低落、萎靡不振。

4.亲密关系

指教师之间分享温暖的相互信赖程度，亲密关系可以满足教师个人的社会性需要。在以高度亲密为特征的学校里，教师以开放的心态，彼此信任，相互评价，共同参加校外社会性活动，深入讨论私事。

开放气氛是指以高昂的精神和由教师表现出来的低度的敷衍了事、高度的推进力为特征的氛围。在这样的学校里，校长精力充沛，而且关心、体贴甚至同情教师，不需要对教师严加管束，但却能控制和指挥教师，做到令行禁止。校长能与教职工和谐工作，促使学校发展。

自主气氛指以高度冷淡与低度体贴关心为特征，生活在近乎完全自由的组织气氛里。在这样的学校组织中，"精神状态'与"亲密"比较高，而且"敷衍了事"或"障碍"少。教师根据自己愿望工作，以满足自己的社会性需要。

控制气氛指以高度注重工作、高度障碍和低度亲密为特征的组织气氛。这样的学校组织往往为了追求努力工作而以牺牲社会生活为代价。教师们的非教学性工作繁重，人际交往较少。校长本人努力工作，在学校管理过程中起支配作用，但为人冷淡，不太关心下属。

随意气氛指以低度注重工作、低度障碍和高度亲密为特征的组织气氛。在这样的组织中，校长高度关心体贴员工，为人热情，但不关心工作，由此，教师们较多地关注个人生活，而远离工作，其结果往往是组织气氛非常友好，但工作成效甚微，可以说，良好的组织气氛是以牺牲工作为代价的。有人将这样的组织气氛称之为联谊会式的组织气氛。

家长气氛指以低冷淡与高体贴为特征的组织气氛。在这样的组织中，校长是体贴的、热情的，但对于工作的强调过于唐突，从而导致工作效果极差。教师并没有过重的负担，但彼此之间往往不能很好相处，反而形成不同的竞争派系。这样的学校组织中的校长往往被看成是有较多仁慈的独裁者。

封闭气氛指以低精神状态、高敷衍了事、低推进力为特征的学校组织气氛。在这样的学校里，校长注重规章，讲究照章行事，且常常主观武断，采用军事化、命令式管理方式，待人冷漠，高度冷淡，不近人情，毫无体贴可言，一味督促教师拼命工作。

教师敷衍塞责，不能团结协作做好工作，认为校长在工作方面缺乏个人主动性，而且对他们的工作设置重重障碍，在为教师排忧解难方面更缺乏独创精神，不关心他们的个人福利，也不能有效地领导，因而对工作心怀不满，情绪低落，在极端的情况下，一些人纷纷要求离职而去。

这是一个既不能很好地完成任务又缺乏社会满意度的组织氛围，员工往往把学校发生的问题归因于自己不能控制的外部力量。

将这六种组织气氛由开放至封闭联系起来，便形成一个组织气氛连续体。这表明开放意味着人们相互作用的真实性与可靠性，还意味着满足个人需要与完成学校工作的有效结合；而封闭则意味着虚假性与非可靠性，并意味着既不能满足个人需要，也不能满足职业角色的要求。

各级各类学校，都应根据自身实际情况，结合学校校长与教师的个性特征，有意识地努力营造适合学校组织发展的组织气氛。

打造独具特色的校园文化

　　广义上的校园文化，是指以社会先进文化为主导，以师生文化活动为主体，以校园精神为底蕴，由校园中所有成员在长期的办学过程中，共同创造而形成的学校物质文明和精神文明的总合。各学校开展的校园文化建设工作，多是从广义的概念出发，进行宏观规划和具体实施。

　　校园文化作为一种亚文化，必然以社会大环境为背景，并受到社会主流文化的影响与制约，与社会主流文化的基本倾向保持一致。但

是，校园文化必须植根于校园之中，离开一定的校园环境，它就是去了生存的土壤。

校园文化既是学校全体成员在实现学校的各种职能中产生、发展和传承的，同时，它又时刻为实现学校的各种职能服务。因此，校园文化应该涵盖学校全体成员为实现学校的各项职能而开展的各种活动。

校园文化突出的特征

1.校园文化是一种管理文化

学校的教育对象是人，教育者是人，因而学校一切工作的中心是围绕对人的管理而展开的。校园文化建设要引导师生在学校目标的指引下形成团结一心的强大凝聚力，使学校成为教职工发挥聪明才智、实现人生价值的舞台，成为学子们安心学习、自我塑造和完善人生的课堂。

2.校园文化是一种教育文化

学校是一个从事人才培养和科学研究的教育单位，其核心任务是进行人才培养。因此，校园文化反映的是学校这一教育机构的价值观、人才观、最高目标、办学宗旨、教育思想、道德规范以及行为规范等，实现对人的教育。

3.校园文化是微观组织文化

学校组织是人们为了达到办学目的，经由分工与合作及不同层次的权力和责任制度而构成的人才培养集体，是社会的基本细胞。这一组织除了有组织原则、组织结构、组织过程以及必要的规章制度之外，更重要的是要有校园文化，使学校组织有一个共同的群体意识以及行为准则，以营造和谐的人际关系，形成"团结、互助、融洽"的组织气氛。

构建特色校园文化的方法

学校是传承文明、传播文化的场所，然而在日益物质化、技术

化的当今，人文精神的失落，价值理念的衰微，引起了有识之士的担忧，文化立校成为人们的共识。

校园环境建设是文化立校的一个重要方面，校园环境在孩子们的成长过程中，具有"春风化雨，润物无声"的熏染作用。为了充分发挥学校文化的育人功能，进一步优化学校的育人环境，提升办学品位，全面提高学校的办学水平，要促进校园活动扎实、有效地开展校园环境建设活动。

就一般学校而言，大楼上要有鲜红的标语、醒目的校训，大楼前要立漂亮的橱窗，教室里要张贴名人名言，中心过道两旁要竖不锈钢的古诗文铭牌，草坪、绿地要插爱护花草树木的警示语，每棵树上都要挂有介绍其名称特性的标注牌。努力使校园处处充满着科学、人文气息，让学生时时感受着文化的濡染。走进校园，能让人感受到浓烈的文化氛围。

为了拓宽学生的阅读面和知识面，提升思想涵养和精神品位。学校要注重文化环境的布置，营造浓郁的学校文化氛围。要以校园规范化的语言文字环境引领学生提高使用祖国语言文字的水平，要精心布置学校橱窗、板报，以加强学校文化阵地建设。要发挥校园广播、网络的育人功能，创造条件开展校园文学社活动等。

只有把学校的环境布置好，提供了学习对象，学生就会自然而然地被感染，从而自觉地去学习消化。这不正如给学生发了新书、配音磁带、练习册、作业本吗？

一般学校面对的是学习目的模糊、自学能力较弱的中小学生，他们是模仿能力、好奇心比较强的年龄阶段。所以学校要针对学生的心理年龄布置校园文化环境，真正做到落实素质教育和有效教育的目的。

一位教育家曾经说过，要让学校的每一面"墙壁"都会说话。那么应该怎样让学校的每一面"墙壁"都会说话呢？说一些什么话呢？

怎样让学生们听到、听懂、听进、乐听、想听每一面"墙壁"所说的话呢？怎样让这些话在学生们的心里留下深深的烙印，并外化为他们的言行呢？

1.让校园墙壁表现学生能听懂的话

中小学生由于年龄小，知识的欠缺和心理发展的不成熟，对于一些深奥的思想、深刻的哲理，存在着理解上的困难与障碍。因此，学校应尽可能地让"墙壁"说孩子们能听懂的话。对于中小学生而言，"少小不努力，老大徒伤悲"，比起"黑发不知勤学早，白首方悔读书迟"更容易理解。

如果在一年级教室的楼道里，贴上"走路要学小花猫，脚步轻轻静悄悄"，这比许多高深的道理、空洞的说教更能深入学生的心灵，并能很快地外化为他们的行为。

富有童趣的儿童画、具有特色的写意画比起生硬的电脑制作、统一打印的名人名言要生动百倍。学校的报栏橱窗更多的是只适合高年

级学生的内容，对于低年级的学生来说那就是一处校园装饰物，像这些对全校学生开放的知识窗口何不用上汉语拼音呢？校园文化环境的布置不正是为全体学生服务的吗？

2.让学生们有时间去看墙壁上的话

学生的学习负担一般都比较重，有人说，如果让牛顿生活在现在的中国，那么他也只能整天埋头作业堆里，即使有苹果掉到他的头上，他也无暇去做过多的思考，就更不可能有"万有引力"的发现了。

一般学校的学生，每天被学校的作息时间框得死死的，什么时间干什么事，什么草坪、绿地不许入内等规定。从表面上看，校园井然有序了，环境卫生了。但事实上，学生的自由空间被缩小了，久而久之就对自己身边的环境熟视无睹并视而不见了，这就是教育的失败。

因此，要让学生在午间和课后，除了作业、打扫卫生外，要有更多的时间徜徉于校园，漫步于绿地和草坪。让他们欣赏鲜花、青草、绿树，在林间嬉戏，在草地上玩耍。使他们拥有古人"春游青草地，夏赏绿荷池"的闲情逸致，在无拘无束中放松心情，放飞想象，享受童年。

3.要让学校阵地表现鲜活与适时

学校的教室、橱窗、黑板报、古诗文铭牌等切忌千篇一律或一成不变，要常换常新，富于变化。比如，春天到了，就换上描写春天的诗句、文章，如"碧玉妆成一树高，万条垂下绿丝绦。不知细叶谁裁出，二月春风似剪刀"。

学校组织学生春游、踏青前，可以向学生们介绍一下唐代诗人韩愈的"天街小雨润如酥，草色遥看近却无。最是一年春好处，绝胜烟柳满皇都"。

到了秋天，可以让学生们从唐代诗人王维的《九月九日忆山东兄弟》中，体验"每逢佳节倍思亲"的情怀。在大雪纷飞的日子，吟咏

"忽如一夜春风来，千树万树梨花开"，在情与景的交融中，让学生体会其中的诗情画意。

这样随着季节的更替和时令的变换，让学生们吟诵这些流传千古、脍炙人口的古典诗文，既能增加他们的语言积累，更能让他们受到文化的熏陶。

再如，在奥运会前后，学校宣传阵地的古诗文可以更换为奥运精神、奥运口号等。橱窗、板报等布置则可换为与奥运相关的知识。让学生们在沐浴博大精深的中华文化的同时，去汲取更多的外来的和与时俱进的知识养料。

4.让学校阵地表现学生们的心声

随着学生们的生活水平提高，见识也广了，能力也强了。学校教室内的墙壁更应该成为学生们展示自我的舞台。比如，他们的优秀书画作品，优秀作文，参观旅游时的留影，主题小报设计等，都可以一一张贴在教室的墙壁上。

作为教师要做的，就是如何使教室墙壁最大限度地被学生利用，引导他们合理美观地布置教室，让学生们的表现欲和好奇心得以满足，从而增强自信心，使他们自然而然地把自己的心声倾诉到墙壁上去了，这样不仅激活了他们创作的欲望，还锻炼了其动手能力，进而达到有效教学的目的。

总之，校园文化环境建设离不开"墙壁"的布置，学校一定要把每一面"墙壁"都交给学生，真正做到让学生们有时间和空间去看得见，摸得着，学得到。

校园的廉洁文化

各级各类学校担负着培养和造就社会主义事业接班人和建设者的重任。而广大青年学生是祖国的未来、民族的希望，他们是否具有坚定的廉洁信念，将直接影响他们如何正确看待权利和金钱，影响到若干年之后我们国家的社会廉政风气。因此，加强校园廉政文化教育显得势在必行，也是我们各级纪检机关和教育工作者面临的新的课题。

结合学校当前开展校园廉政文化建设的一些实践与探索，现就如何推进校园廉政文化建设作以探讨。

树立正确的校园廉政文化理念

廉政文化是人们关于廉政的知识、信仰、规范和与之相适应的生活方式及社会评价的总和。它作为一种潜在的力量，为反腐倡廉提供了智力支持、思想保证和舆论氛围。全面推进校园廉政文化建设，对于加强校园建设，培养学生崇廉敬德的思想品质、弘扬整个社会的廉政文化、促进社会和谐发展具有十分重要的意义。

现实的发展启示我们，加强校园廉政文化建设已成为我们的当务之急。2005年1月3日，中央颁布了《建立健全教育、制度、监督并重的惩治和预防腐败体系实施纲要》，明确提出：要大力加强廉政文化建设，积极推动廉政文化进社区、家庭、学校、企业和农村。

2005年7月1日，教育部又下发《关于在大中小学开展廉洁教育试点工作的意见》，强调：结合大中小学思想道德教育的整体规划，积极推进廉洁教育进课堂、进校园、进学生头脑，立足当前、着眼长远、因势利导、循序渐进，不断增强廉洁教育的针对性、实效性和吸引力、感染力，培养青少年学生正确的价值观念和高尚的道德情操。这都为我们树立正确校园廉政文化理念指明了方向。

作为社会教育机构，必须确立崇尚科学文化、弘扬传统美德、追求真理先进、激发创新精神的文化建设目标，树立"以廉为荣、以贪为耻"的思想理念，综合运用思想教育、纪律教育、法制教育等手段，积极倡导廉政文化、奉献文化、守纪文化、礼仪文化等，营造出正气昂扬、清廉文明、和谐发展的舆论氛围，引导广大师生明辨是非、区分善恶、分清美丑，使廉政文化理念入耳、入脑、入心，成为每一名教师和同学的座右铭。

建立良好的校园风尚

好的校风能激发和凝聚学校成员的内在动力，催人奋进。要坚持把廉政教育作为学校工作的一项长期性、基础性的工作来抓，把思想教育、纪律教育、法制教育与社会公德教育、职业道德教育紧密结合起来，贯穿于学校教育教学的全过程。

当前，要按照教育部办公厅《关于在大中小学开展廉洁教育试点工作的意见》和《关于进一步加强和改进师德建设的意见》，突出对教师特别是党员干部教师的反腐倡廉教育，严肃惩治各种不正之风、违纪违法行为，用行之有效的教育手段来激浊扬清，提高师生对腐败的认识、对党和政府的信任及对伦理道德的评判标准。要坚持廉政文化建设与党员先进性教育相结合、与校园文化建设相结合、与党风行风师风建设相结合、与学校素质教育相结合，注重教育的多层性、针对性和实效性，不断树立党员干部和广大师生"崇廉尚洁"的思想道德观，促进校风、教风、学风的根本好转，建立"廉洁从政、诚信守法"的良好风尚。

营造健康的文化环境

廉洁种子的生根发芽离不开一个良好的土壤。要使校园廉政文化产生良好效果，氛围的营造、环境的打造十分重要。

1.创设廉洁的文化环境

要立足廉政，结合校园实际，打破常规，深入挖掘新的廉洁教育资源，尽力为学生的发展提供廉洁宽阔的空间。如开辟师生廉政作品专栏，悬挂著名科学家、学者、廉官的画像，著名的治学、治教、反腐倡廉名言警句，书写催人奋进的廉政标语等。

2.创设优雅的校园环境

要加强校园的硬件建设，始终保持校园环境的整洁、廉明。如对学校道路、学生社区、学生公寓、文化活动场所以及绿化区要进行统一规划，做到"春有花、夏有荫、秋有果、冬有绿"，时时处处见廉洁。

3.创设健康的外部环境

要加强对学校周边环境的治理，特别是网吧、书吧、影视厅等的治理整顿，切实防止影响学生健康成长的文化扎根驻营。

搭建丰富的文化载体

校园是传播文化的场所，各种文化载体很多，必须综合利用。

1.充分运用传统载体

将廉政文化教育纳入教育教学计划，充分挖掘和利用政治、语文、历史等教材中的廉政教育资源。同时，还要组织专门人员筛选适合于各层级学生的廉政文化读本，通过开设廉政教育课程，在课堂上进行廉政文化的灌输、廉洁意识的培养。如课堂学习明朝诗人于谦的《石灰吟》，通过讲解咏颂"千锤万凿出深山，烈火焚烧若等闲。粉身碎骨浑不怕，要留清白在人间"的诗句，在广大学生中开展"说廉正、赞廉正、明廉正、做廉正"的教育，使每个学生都从形成尊廉崇廉的共识，使廉正之风走进学生心底，进而引导学生做有正气，重气节的人。

2.扩大廉政文化阵地

要多方设立载体，广泛搭建平台，以校广播站、校园网站、校报校刊、板报等为载体，定期播报廉政勤政先进典型的事迹，播放廉政教育录像片，发布廉政教育信息；以廉政文化宣传标语、宣传画、警示教育牌、廉政文化宣传橱窗等为载体，营造廉政文化的声势。

3.丰富廉政文化活动

努力做到内容时代化，内容选取上既注重吸收传统廉政文化精华，又根据时代特点，广泛吸收收集具有时代气息的廉政文化标语和易看易懂的各种漫画，强化对群众的宣传教育；形式多样化，要根据不同类别学校、不同学生的特点，分层级、分层次组织开展廉政文化活动。如以校园文化长廊和宣传栏等为宣传主阵地，筹建设立"廉政文化宣传廊"、"廉政文化小标牌"，大力宣传廉政文化。如开展廉政事迹演讲比赛、廉政知识竞赛、学习交流会、主题辩论会、参观廉政文化教育基地、征集廉洁自律格言等活动，使廉政知识在各项活动中得到传播，增强廉政文化的辐射力；效果立体化，文字简单、主题突出，使广大师生易于认可和接受，强化了监督意识，也使大家受到长期警示。

构筑规范的管理机制

建立规范有序的管理机制，是维系学校正常秩序、推进廉政文化建设的重要保证。

1.机构全

要建立健全党委统一领导，党政齐抓共管，思想政治教育部门、纪检监察部门及相关工作部门各负其责，广大干部师生共同参与的领导体制和工作机制。要立足学校实际，成立由校长、党支部书记、各

科室负责人、团组织等组成的廉政文化建设领导小组，定期专门研究校园廉政文化建设。同时，要充分发挥党组织和共青团、工会、妇联等群团组织的优势，通过建立学生执勤队、监察队等，增强学生自我教育、自我管理、自我服务、自我约束的能力。

2.制度硬

要把校园廉政文化建设纳入学校制度建设的重要内容，与学校物质文明、精神文明、政治文明建设相结合，同教育教学工作同部署、同落实、同检查、同考核。强化责任分解，严格责任考核和责任追究，确保校园廉政文化建设与学校其他工作同步发展，相互促进。

3.方法新

要坚持与时俱进，求真务实，按照贴近实际、贴近生活、贴近学生的原则，体现正面引导、反面警示，不断创新校园廉政文化建设的方式方法，促进校园廉政文化建设的深入和长效。

总之，校园廉政教育的成败，不仅关系着我党反腐败斗争成绩的巩固，更关系我们国家未来的建设者是否拥有正确、积极、健康的道德观念、法制意识和社会责任。搞好校园廉政教育是一项长期而任重道远的工作，不可能立竿见影、一蹴而就，它需要全体教育工作者和各级纪检监察机关的共同关注、共同探索和共同努力。

NO2.校园文化艺术活动实施指导

校园文化的建设策略

　　学校文化建设是学校管理活动中的一项重要内容，关系到整个学校的精神面貌和教育教学质量的提升，因此要慎重对待。要注意的是，学校情况不同，任务就有所不同。

　　对于新建学校来说，需要建立一种可以凝聚全校师生员工的新文化；对于老学校来说，则既面临着保护、继承、改造学校传统文化的任务，又需要根据社会与时代发展的要求与时俱进进行文化创新。在学校文化建设过程中，各个学校可以根据自身实际，采用不同的文化

建设策略。

校园文化建设指导思想

以全面贯彻素质教育为方针和全面提高教学质量为宗旨，以全面培养学生创新能力、思维能力和社会实践能力为终极目标，坚持校园文化的建设与基础教育课程的改革相结合、与学校德育工作相结合、与培养学生良好的日常行为习惯相结合，突出"爱校、立德、笃学、志远"的基本办学理念，为学生的成长、教师的发展创造优良的人文环境，使学校成为师生身心愉悦、情感陶冶的成长乐园，从而形成能够充分展示学校个性魅力和办学特色的校园文化。

校园文化建设基本原则

学校文化是一种洋溢在学校校园之中的组织气氛，但学校文化需要包括学校领导在内的广大师生共同努力创就，而不会自发形成。由于学校文化涉及很多层面，每一个层面又包含诸多要素，因此，学校文化需要有一个文化核心加以统领，这个文化核心就是学校的办学理念。

在学校文化建设过程中，需要有意识、有目的、有计划地用已为广大师生员工认同的教育理念整合各种学校文化要素，使之形成其中心文化思想。

为了最大限度地发挥校园文化的教育功能，特别是德育功能，以形成良好的育人环境，促进学校的教育教学活动和人的发展，就必须把握好几个原则。

1.特色性原则

校园文化建设的特色应该是实事求是的体现。校园文化的建设必须根据学校、教师、学生及当地的实际情况，根据学校的地理位置、办学资源、发展历史、人文素养和文化底蕴来重建，建设促进自身健康、和谐发展的特色校园文化，建设有多元化、现代化、开放化气息的有利于培养学生创新能力的校园文化，不能盲目地追求一种模式，更不能盲目地全盘吸收别人的做法，将自己的学校办成名副其实的特色学校。

2.教育性原则

古人云："百行以德为首"。学校是人才成长的摇篮，校园文化作为学校教育的隐形部分，必须突出深远的教育性特点，时时刻刻、处处点点把握教育性原则，真正做到"学校无闲地，处处能育人；学校无小事，事事能育人"。学校就是要通过重建校园文化，利用各种有效形式对学生进行爱国主义、集体主义、社会主义、奉献主义和中华民族伟大精神的教育，探索激发学生成才的基本教育规律，让学生的综合素质不断提高，最大限度地发挥校园文化的导向教育功能。

3.科学性原则

校园文化建设是学校的一项综合性整体工程，它涉及面广，内涵丰富，需要调动各方面的力量，学校应该在学校领导的指导下，统筹兼顾，科学规划，合理安排。

例如，学生课余文化生活，一要建立组织系统；二要合理安排活动的内容，以满足不同年级、不同年龄、不同心理状况和不同兴趣爱好学生发展的需要，真正实现让每一个学生在自身的优势中不断地得到健康、和谐发展。

4.艺术性原则

在校园文化建设中，要有艺术眼光，要让学生通过学校的设施、氛围等，处处受到艺术的感染，得到美的享受。如学校文化活动的安排，也要融教育性、科学性和艺术性于一体，努力使活动开展地新颖、活泼有趣，使校园文化对青少年产生强烈的感染力和吸引力，促使他们主动、热情、积极地参与其中，从而使他们的思想情操自然而然地得到陶冶，心灵在无形中得到净化。

5.时效性原则

根据《国务院关于基础教育的改革与发展的决定》的要求，我们必须加强校园文化建设，特别加强德育教育文化，加强中华民族优良传统、革命传统教育、法制教育和国防教育，并将这些工作贯穿于学校教育教学的全过程，树立学生正确的世界观、人生观和价值观，培养学生的实践能力和创新精神。

6.时代性原则

校园文化作为一种文化现象与人类社会的发展一样，具有鲜明的时代特征。在校园文化的建设中，必须大力提倡学习科学文化知识，认真执行科学发展观，教育学生学会学习、学会创新、学会做人，与时俱进，赶上潮流，树立科学精神，消除愚昧，全面提高师生的科学文化素养。

校园环境文化的建设

校园环境建设对改善校园学习风气，提升老师和学生的精神生活，起到举足轻重的地步。校园环境建设首先是要考虑校园环境文化底蕴。

教育的艺术在于，不仅要使人的关系，成人的榜样和语言以及集体里精心保持的种种传统能教育人，而且也要使物质与精神财富能起到教育作用。用环境，用学生创造的周围情景，用丰富的集体精神生活的一切东西进行教育，这是教育过程中最微妙的领域之一。

"蓬生麻中，不扶而直"。幽雅的人文气息，厚重的校园环境对人潜移默化的教育影响是不言自明的！大量的事实表明：成功教育的特点是使学生在没有意识到受教育的情况下发生的，而这种潜移默化的教育往往具有滴水穿石的力量。重视环境中的校园环境文化建设具有其他教育不可代替的举足轻重的作用。

重视在环境中的文化建设，学校物质文化建设的价值取向得到了较好地反映。同时，环境文化的影响也得到加强，进一步增强了学校

的凝聚力和向心力，从而促使学校的办学质量跨上了一个新的台阶。

学校以和谐优雅的育人环境，以自然美的景观来陶冶学生的性情，塑造学生美的心灵。通过花草树木、名人塑像、橱窗、宣传栏等，让学生耳濡目染，通过先进的教学场所和教学设备来塑造学生的道德、文化、科技、艺术灵魂。

这里有散发着人类智慧幽香的花草树木、艺术长廊、教学设备、科技氛围，这里凝聚着历史的、文化的、社会的人文精神，集中反映了学校健康、科学的文化价值观念，反映了崇高教育目标的价值取向，学生在与其无数次的"视界融合"中不断得到陶冶和塑造，正所谓：景观是校园的陶冶之源，解读是精神的建构之本。人与自然的融合，让人的心灵得到净化，志趣变得高尚，道德得到升华。

坚持"以素质教育为目标，以互动发展为方向，将精神文化建设寓于校园文化主、客体之中"的建设方向，通过不断学习、总结、汲取、创意，集大众智慧于一炉，而逐步形成个性鲜明、品位高雅的校园文化

氛围，为教育教学管理和发展取得了良好实效打下坚实的基础。

校园课程文化的建设

课程文化是学校按照教育规律和生命成长规律，根据一定的价值观念、道德判断、知识技能、自我建构而成，可以有效的帮助发展学生的主动性和创造性。我们要注重充分利用现有课程文化和大力开发隐含的课程文化。

1.利用现有课程文化

在整合、强化国家课程的基础上，形成学科课程与活动课程、艺术课程并举，必修课程与选修课程并进，基础怅、拓展性和研究性功能并重的多元课程格局。

强调获取生活经验的价值取向。课程与教学主要向学生的生活情感方面靠拢，发挥学生的主动性和创造性，从而满足学生理智生活、情感生活、审美生活、道德生活的需要。

强调创造性思维能力培养的价值取向。课程目标主要在于培养学生的科学精神、创造精神和探究问题、分析问题从而解决问题的能力。

强调情感陶冶的价值取向。课程文化尤其关注灵魂、精神与意义，强调对学生情操的陶冶，思想的解放。

2.开发隐含的课程文化

渗透学校办学理念和教育理想，开发、重组教育资源，培育有个性的课程文化，从传统经典文化、地方艺术文化和现实生活吸取源头活水，建构具有地方特色的校本课程。

强化课程的校本性。注重发掘本地的教育资源，诸如：历史名胜古迹、自然风光、秀美山川等，发挥教师的个性特长，大胆开发富有个性化的课程，凸显学校的办学特色。

保证校本课程的教育功能。以培养学生的良好个性为主线，发挥课程的教育作用，实行多层次教育法，因材施教，注重对学生人文素养的培养，注重学生科学知识的获得，科学思维的锻炼与科学能力的提升。

注重校本资源的整合重组。合理利用资源优势，进行横向与纵向的引进和输出，充分发挥资源的整合效应。

总之，学校课程文化，要从奠基学生一生的发展需要出发，从尊重学生个性差异和发展优势潜能出发，向生活、社会、文本等领域开发利用、整合优化适应学生需要的课程资源，并努力优化落实课程资源的育人环境和教育教学行为。

校园人文精神的建设

所谓人文精神，指的是一种高度重视人与人之间价值观的思想态度。它关注人存在的意义、尊严、价值、道德、文化传统，关注人的自由与平等，人与社会、自然之间的和谐等，也就是通常人们所说的"终极关怀"。

中华民族传统文化中向来存在着一以贯之的人文精神，即以人为

核心，融天地万物与人为一体，把人的伦理精神、道德情感的提升与超越放在首位。

人文精神是人本教育的核心。人本教育是"以人为本"的教育，视人格完善为教育的最终目标。突出人文科学的价值，将人文教育贯穿于教育的全部过程中，使整个教育显得人性化、人格化。

人本教育强调学生自己去思考，自己体会人生道理和文化价值。强调人的自由、尊严和人格，重视学生的自发性和主动性及发展潜能。鼓励学生自己求知、自己探索、自己去澄清，从探索和澄清中获得知识和成就感。

1.人文精神的重要性

（1）培养人文精神是实施素质教育的需要。我国教育正在实现应试教育向素质教育的转变，这一转变的过程是理念不断更新的过程，同时又是人文精神不断塑造的过程。实施素质教育就是要提高国民素质，培养学生的创新精神和实践能力，重视学生个性的张扬，关注学生人文素质的提高。因此，深化素质教育，加强人文精神的培养已是刻不容缓。

（2）培养人文精神是新课程改革深化的需要。传统的教学局限于学科知识的讲授，注重教学目的的实现，偏重单纯的思想政治教育，忽视了学生的自我发展和人文教育。现代教学应大力培养人文精神。把人文素质作为学生发展的一项新的要求，这既符合学生个体全面发展的需要，又体现了现代教学与时俱进的思想和时代的人文精神。

（3）培养人文精神是学生终身、全面发展的需要。教育的最终目标是促进学生的全面发展，而以前的教学方式过于注重"双基"的教学，关注学生的应试，注重意识形态的教育，忽视对学生人文精神的培养，缺乏实事求是的态度，缺乏关注人类命运的情怀。这种教学方式难以培养出真正优秀的合格人才。面对教学主体的失落，我们必须对学生进行全面的人格教育，促进学生的终身、全面发展，这一切说明，人文精神的培养已经成为当代教育的迫切需求。

2.人文精神的实现途径

（1）营造以人为本的和谐物质文化环境。物质文化虽然是一种表现形式，但可以通过这种表现形式去促进师生的工作和学习热情，激发创造精神，同时也能使他们在这种物质文化氛围中形成一定的工作方式和生活价值观，让每一个人都以在学校工作为骄傲。

所以，从这个角度讲，学校的教学大楼及各种设施、设备不在于精美和华丽，而在于以师生为中心，在于人性化，要体现适用、实用和较高的利用率。在教育事业发展的今天，校园的物质文化也常常作为潜在课堂，对师生起到潜移默化的熏陶和感染。

（2）利用精神文化建设培养学生的人文精神。校园精神文化建设是校园文化的核心内容，是人文素质教育的主要环节，对学生的精神世界产生深刻的影响。人文素质教育是以弘扬人和社会发展的人文精

神为主旋律的，校园人文精神的培养是由人类优秀文化凝聚而成，并在现实环境中与文化创造活动相结合，其人文精神的内在精神品格主要就在于培养个人的人格道德品质。培养个人的人格道德品质是一种较复杂的文化创造活动。

（3）教师要以人格魅力塑造学生的人文精神。教师的人格形象对学生是无形却又是最有力的教育，是一种"不求而至，不为而成"的潜移默化、润物无声的最有效的教育。教师良好的行为往往会起到关键的作用，对学生产生无意识的熏染，常比正面的说服教育更容易使人接受，甚至产生意想不到的效果。

校园文化传统创新建设

学校文化是学校组织成员在长期的教育管理和教育教学实践活动中共同创造、发展，并通过不断累积而建立起来的。学校文化一旦形成，就会成为一种巨大的精神力量，以"传统"的形式影响人们的行为取向。

崭新的富有活力的学校文化总是根植于已有的文化土壤之中，是原有文化的新生和发展。所以，创建学校文化，必须要检讨学校已有的文化，注意甄别，正确取舍，继承优良传统。

与此同时，学校文化的建设又需要随着时代的发展、社会的进步而不断创新，这就需要学校领导人在全面审视学校文化传统的基础上，寻找新的学校文化生长点，使传统学校文化焕发新的生机与活力。

校园文化的建设规范

　　校园文化建设是一项复杂的系统工程，它具有多侧面、多角度、多层次的特点，它所包含的内容之广、渗透力之强是一般教育因素难以企及的。因此，深层地研究本校实际，依据本校办学经验和办学目标，动态地构建校园文化脉络，提升、规范校园文化，必将增强学校思想道德教育的实效。

　　但是，由于缺乏科学的领导，发展的眼光，由于对校园文化建设的认识还不够深刻，依然存在着不少问题，影响着校园文化的功能，

德育工作的实效。

物质文化建设注意事项

校园文化环境的建设，必须是文明、整洁、优美、有序的。环境建设的目的就是营造浓郁的校园文化氛围，实现人文环境和自然环境的有机统一、协调发展，使师生员工沉浸在文化的氛围之中，呼吸高雅的文化气息，陶冶自我情操。

校园物质文化环境建设的实施中却存在许多方面的问题，比如环境建设看起来布局合理，格调也幽雅，起到了净化、绿化、美化的作用，却缺少特点；没有实行动态管理，张贴的名人像、警句格言等一劳永逸，学生对其熟视无睹，布置成了一种摆设；教室布置整齐划一，墙面整洁干净，感觉不到生命的流动，放弃了学生个性生成的主要阵地，丧失了开展实践活动的多样舞台。

因此，规划校园必须考虑到整体化、生活化、人性化、开放化、多样化和现代化。人文景点的建设要别具匠心，提高文化品味；充分开发校本资源，为开展校史、爱国主义、集体主义教育提供理想场所。让环境成为一部立体的、多彩的、富有吸引力的教科书，一部流光溢彩的、流动的旦影。

1.注重软件环境布置

软性环境的布置要有特色，如建立主题走廊，内容经常调换，开展相关活动。新鲜的内容富有时代的气息，引导学生去欣赏、去思考、去实践、去创造，提高审美鉴赏能力和创造能力。要充分发挥校园的隐性教育功能。

2.设计教室环境风格

教室环境要生动活泼，班风自己设计，体现各自的风格与追求。可以根据学生的意见，设置一系列专栏；可以摆放自己培育的花卉；可以开辟图书角；可以张贴名书名画；甚至可以允许学生在墙上画上自己的创意画等。

打破常规的一成不变的、静止的模式，充分体现不同的集体和个人对校园文化的认识与理解，赋予它丰富的生命力，形成各班独特的人文氛围，使每一个专栏实际上都成为学生进行学习、探究、实践的课题和园地，为学生的发展提供更为宽阔的空间。

精神文化建设注意事项

校园文化活动是校园精神文化建设的主要内容，不少学校的文化活动看起来丰富多彩，却是以应付上级的有关活动为目的，组织不够科学严谨，花架子多，看起来轰轰烈烈生的生活却不够，说教型的偏多，没有体现德育的实践性原则。

因此，在开展校园文化活动中，要以理想信念教育为重点，形成"以重大节日为契机、以爱国主义教育为主题，以科技、文娱、体育和社会实践活动为基础"的校园文化活动新格局。

1.以爱国教育为主题

通过座谈、报告会、电影周、读书活动、升旗仪式、富有纪念意义的歌咏会、诗歌朗诵会等对学生进行爱国主义、社会主义、集体主义教育。

2.以社会实践为主题

通过春季卫生活动月，植树种草周活动、学英雄做好事活动、环保者活动、走访家乡的名人、了解家乡的巨变等社会实践活动对学生进行国情、区情、乡情的教育。

3.以体艺文娱为主题

通过各种体育、艺术等比赛活动进行合作精神、集体主义教育；通过主题演讲比赛、主题班会、技能大赛、图案设计大赛、校风征集、校歌创作等锻炼和提高学生的综合素质。

4.以科技创新为主题

通过科技创新活动，培养学生的创新意识、创新精神，提高学生的创新能力；通过校园科技节、文化艺术节、读书节活动，培养学生人文素质；通过广播、影视、报栏、校刊、校园网等宣传舆论阵地，倡导正确的舆论导向。

开展多学科、多层次、多内容的校园文化活动，不仅有利于拓宽学生知识面，改善知识结构，培养学生的表达能力、交际协调能力、组织管理能力，而且还有利于培养学生的参与意识、竞争意识和成才意识，促进学生个性的发展，增强学生的自尊心、自信心和社会责任感、历史使命感，从而促进学生素质的全面提高。

文化建设的注意事项

校园制度文化作为校园文化的内在机制，是维系学校正常秩序必不可少的保障机制，是校园文化建设的保障系统。但在制定各项规章制度时科学性、时效性、可操作性、人文性体现不够，执行的严肃性不强，使制度不能内化为师生员工自觉意识，不能很好地起到规范、制约和激励作用。

有完整的规章制度，但负责将各项规章制度予以执行和落实的队伍不够广泛和强大。因此，必须加强相应的制度文化建设，制度文化建设包括制度建设、组织机构建设和队伍建设。组织机构建设和队伍建设是确保制度建设落到实处，并使其真正起到规范校园人言行的关键环节。

1.完善组织机构建设

校园文化组织机构的健全和完善，校园文化队伍的勤奋与能干，对正常开展校园文化活动，加强校园文化建设，具有十分重要的、决定性的作用。一般宜采用校长负责。校长是一个学校的代表，是校园文化的设计者，又是校园文化建设的指挥者。

2.师生共建校园文化

校园文化领导组织的组成，应该由学校领导、教师学生等方方面面的代表组成。因为教师和学生是学校的主体，他们的积极性和潜在能量是巨大的能动资源，如果由师生共同参与设计校园文化建设，他们的感受将会达到新的境界，教育的效果将事半功倍。所以文化行为的设计、出台要经过全体员工的一致认同，以达到全校师生共建校园文化，共造校风，共守校规的目的。

3.提高教师整体素质

提高教师整体素质是校园文化建设的关键。教师既参与校园文化的设计，还组织实施。教师要主动用校园文化行为约束自己、塑造自己，以高尚的道德情操和完美的教师形象，影响教育学生，自觉地把校园文化融入到教学活动中，对学生进行素质教育。

在新的教育形势下，校园文化建设还要坚持以"三个代表"重要思想为指导，不断开拓创新，致力于创建现代新型的校园文化，适应瞬息万变的时代要求。

校园文化建设规范的对策

1.建立"人本"校园文化

建设校园文化，要以学生的发展为主题，以"人文、协作、创新、实践"的学校精神为指导进行。以人为本的校园文化建设承载着精神文明建设的使命，必将体现一定的时代特征，从而培养并输送出能适应时代发展，能参与社会竞争与合作，能积极推进、引导社会发展的学生个体。

这些学生走上社会，将会用他们的品质影响社会风尚，用他们的人格影响未来的社会道德，使他们成为知识经济时代生产力发展的中坚力量，成为先进生产力的开拓者、先进文化的弘扬者和广大人民利益的维护者。

2.建立创新的校园文化

要以全新的观念、方法去创建新型一流的校园文化，树立终身教育、创新教育理念，使校园文化传递融为一体。彻底摒弃"应试教育"，推行"素质教育"，提供创新思维平台，引导学生把梦想变为现实，激发热情，张扬个性，启发创造，让每一位学生经过多种实践活动，展示特长，体现自我价值，培养他们的自信心，调动他们的积极性。

3.建立网络校园文化

网络作为"第四媒体"进入校园，对传统教育提出了挑战，校园网络文化已成为校园文化网络的重要组成部分，以其独有的方式深刻地影响着和潜移默化地改变着学生，特别是对学生的认知、情感、思想和心理。但网络文化并非一方净土，如何进行引导和实施有效的监管，正成为学校德育急需解决的问题。所以要抢占网络思想文化阵地，弘扬主旋律，突出网络政治性、思想性、导向性、理论性、亲和性、多样性。如何突破，就要加强研究，努力构建健康文明、艺术化的、蓬勃向上的校园网络文化环境，使学生在这种文化环境中既获得信息素养和审美能力，又具有正确的信息价值观和道德观。

5.建立健全校园文化

突出文化建设整体性原则，就要注重"四育人"即教书、管理、服务、文化的有机结合。在教学中，既要传授学生知识、又要教会学生如何学习、更要教导学生如何做人；在管理和服务上提倡"博爱"，为学生的学习和生活提供有效保障，在严谨规范的运行轨道中，充分锻炼学生自我管理的能力；环境是育人"土壤"，不但要注重"硬"环境条件的建设，更加突出"软"环境的培植，在学习创新、技能实践、文体竞技、团队精神、思想导向及生活等方面全面营造出良好成长环境。

校园文化管理的实践

校园文化建设的重要性

在社会主义精神文明建设的伟大实践中，校园文化占有极其重要的位置。现在认识到这一点的人越来越多了，这方面的议论逐渐多了起来，实实在在地建设校园文化的大学也一个又一个出现，这的确是令人高兴的事。

校园文化建设之所以重要，是因为这关系到一代又一代年轻人的成长，关系到我国能不能培养出千百万合格的社会主义现代化事业的建设者和接班人，关系到民族文化的现在和未来能不能始终朝着中国先进文化前进的方向发展。

校园文化的管理与实践

校园文化是一个不断建设、反思、提高的整体工程，是学校可持续发展的动力，是学校综合办学水平的重要体现，也是学校个性魅力与办学特色的体现，更是学校培养适应时代要求的高素质人才的内在需要。

开展校园文化活动是校园文化建设的有效途径。校园文化活动在内容上包括思想品德教育活动、文化艺术活动、体育活动、社会实践活动、文明校园创建活动等。下面介绍一下各项校园文化活动的具体内容和开展这些活动的形式。

1.开展思想品德教育活动

思想品德教育包括政治思想教育和道德品质教育两部分。政治思想教育主要是教育学生热爱祖国、热爱中国共产党、热爱人民、热爱社会主义。

对学生进行政治思想教育可以采取的形式有：党校团校培训、政治理论课堂教学、时事政策教学、国内外热点问题报告会、每周团员政治学习日、邓小平理论和"三个代表"知识竞赛、国庆或党建征文、革命歌曲比赛、参观爱国主义教育基地、组织学党章小组开展活动、社会实践活动、政治理论学习交流会，等等。

道德品质教育是指对学生进行中华民族传统美德、社会公德、家庭道德教育，使学生树立正确的世界观、人生观、价值观，提高学生的社会主义道德修养和品质。

采取的形式主要有学生宿舍精神文明创建活动、《公民道德建设实施纲要》学习宣传活动、为希望工程爱心捐助活动、义务献血活动、青年志愿者义务服务活动、义务植树活动、大学生自律委员会在校园做好自查自纠工作、以道德建设为主题的大学生辩论赛、"爱护绿色家园"演讲赛、文明教室和文明考场评比，等等。

2.举办文化艺术活动

丰富多彩的校园文化艺术活动有助于形成良好的校园文化环境，活跃校园文化气氛，是提高学生全面素质和综合修养的有效途径。

举办寓教于文、寓教于乐的校园文化艺术活动有助于培养学生的审美情趣、团队精神、艺术水平、文学修养和积极向上的生活态度，同时使学生的组织能力、管理水平、写作能力、语言表达能力、处理人际关系能力得以提高。

校园举办文化艺术活动的形式很多，但一定要适应学生活动和需要，通过的各种活动，既可以培养学生的兴趣爱好，还可以培养学生的高雅情趣。

（1）举办文艺演出活动。举办迎新生或送毕业生文艺晚会、元旦联欢会、校园歌手大赛、挑战主持人大赛、时装表演、戏剧小品大赛、书画展、摄影比赛、舞蹈比赛、舞会等文艺类活动。组建舞蹈队、曲艺队、合唱团、乐队等学生文艺团体，并指导他们开展工作。

（2）举办文化形式活动。举办文化艺术节、演讲赛、礼仪大赛、辩论赛、板报评比、文学知识讲座、专题电影节、专题征文等文化活动，组建文学社、校园记者站、校园广播站等文化传播阵地，引导学生办好各种刊物，写出精美的文学作品，从而在校园形成浓厚的文化氛围。

3.开展体育运动活动

校园开展体育活动的目的很多，但最直接的作用是锻炼身体，增强体质，培养利于学习的良好身心素质。因此，学校开展体育运动的作用很多。

（1）提高学生的体育素养。在开展体育活动中提高学生对待身体素质，保持身心健康，提高学生对体育重要性的认识和对体育知识的掌握。同时，激发学生的进取心、磨练意志，培养学生的自信心和公正、诚实、友谊、团结的道德品质。

（2）激发学生的体育兴趣。通过开展融健身、娱乐为一体的体育活动，促使学生热爱体育运动积极投入到体育锻炼和体育技能训练中去。开展体育活动的形式有：体育课教学、全校集体出早操、组建各类球队开展活动、举行各类体育竞技比赛、组织体育健美操学习班等。

4.广泛开展社会实践活动

校园文化不是在校园封闭状态下形成的，校园文化建设也应贯彻教育为社会主义事业服务，教育同社会实践相结合的教育方针。社会实践是校园文化建设的一个重要环节。校园社会实践活动的主要内容和形式很多，如军训、公益劳动、专业实习、暑期社会实践、课外科技活动、勤工助学活动等。

5.开展文明校园创建活动

文明风气、清洁的环境、礼貌的言行、良好的风度和秩序是校风的重要内容，也是育人的软环境之一。校园共青团组织应从教育管理、制度建设、日常检查如手，开展文明教室、文明宿舍的检查评比，在教室布置名言警句标语，在宿舍创建健康、高雅的宿舍文化。

组织校园环境的定期清扫，发挥学生会、自律委等学生组织的作用，开展文明行为的自查自纠工作。团干部经常深入宿舍、食堂了解学生的思想情况、遵守校规校纪和公共道德情况，及时教育处理违纪学生。发挥团组织的协调者角色，同各部门齐抓共管，共同搞好校园精神文明建设。

校园文化建设实施方案

　　校园文化是一种动力、是一种情怀、是一种希望、是一种生活；校园文化是一个不断建设、更新、提高的整体工程。是学校综合教学水平的重要体现，也是学校个性魅力与办学特色的体现，更是学校培养适应时代的高素质人才的内在需要。

　　为进一步优化育人环境，营造良好的育人氛围，提升办学品位，教学质量，特制订本方案。

校园文化建设的基本原则

1.教育性原则

高度重视学校的教育功能，重视教育对学生、对教师的成长、发展所起的积极作用，校园文化的出发点和落脚点就是要为培养具有中国梦想的青少年服务。把体现学校教育的本质和培养学校的合格人才作为校园文化建设的主攻方向。

2.整体性原则

校园文化建设是一个系统工程，具有层次性、具体性、全面性等特点，所以要遵循教育规律，整体规划、分步实施，要统筹兼顾，全员参与，持之以恒。

3.个性化原则

既要体现民族特征和时代精神，又要体现学校的办学理念和历史文化，因校制宜，形成自己的特色。

4.实践性原则

校园文化重在建设，重在实践，要开展符合学生特点、引导学生全面成才、形式喜闻乐见、学生参与性强、身受广大学生喜爱和支持的校园文化活动。

5.参与性原则

校园文化建设的过程就是教育的过程，注意发挥学校、班级、教师、学生、家长及社区各方面的积极性，通过活动，逐步形成规范、和谐的校风，科学务实的教风，兴趣浓厚的学风，进取向上的班风。

6.创新性原则

校园文化具有发展性、动态性等特点，所以要与时俱进，坚持弘扬时代主旋律，体现发展主题，培育时代精神。同时要主动变革，积极迎接挑战，促进校园文化与社会文化互动，在互动中重建，在互动中不断生成、发展学校文化。

校园文化建设的主要内容

1.建设学校深层文化

学校文化建设是一所学校师生精神风貌和思想素质、修养的内在及外显表现，是一所学校高层次办学的体现，深刻挖掘学校的文化内涵，确立学校的文化建设以校训，围绕"爱国爱校、爱岗敬业、宽容协作、勤奋进取、明礼诚信"20个字为主体来开展。其具体含义是：

（1）爱国爱校热爱祖国。要有爱国之情与报国之志，要热爱祖国的一切物质财富和精神财富，增强民族自尊心、自信心和自豪感。树立"振兴中华"的雄心之志，"从我现在做起，从我做起，从小事做起"，把自己的一切与祖国的命运联系在一起，为培育和弘扬民族精神而努力。热爱学校，就是要秉承校训的精神，继承学校的光荣传统，树立"校兴我荣，校衰我耻"的观念。

（2）教师要爱岗敬业。教师要树立正确的教育观、人才观、质量观，逐步形成以"爱生"和"敬业"为核心的师德规范。教师要对学生身心发展和社会未来高度负责，严谨治教，为人师表。教师要认识到既有教的义务，又有自我学习的责任，把学校当作是自己和学生共同学习的场所，要全身心的投入到自己的工作、自己从事的事业当中去。

（3）具有宽容协作精神。学校教师和学生都要具有包容他人、宽恕他人之心，严以律己、宽以待人，不同他人斤斤计较，让他人有改错归正的机会。要有团队精神和集体荣誉感，善于沟通交流、团结协作，不心存排斥他人、嫉妒他人之心，善于取众人之长来战胜困难、博取胜利。

（4）要有勤奋进取精神。"天才是一分天分+九十九分汗水而来"，勤奋是成功的基础，是传统的美德，只有专心于学习，认认真真，努力干好一件事情，不怕吃苦，踏实工作，才能不断进步，获得成功；上进心是成功的内在动力，"好好学习，天天向上"这个响亮

口号呼唤进取，进取是社会发展的不竭源泉，只有奋发向上，才能学业有成。

（5）要讲明礼诚信行为。教师学生要时刻谨记"老吾老以及人之老，幼吾幼以及人之幼。"学会尊敬老师、长辈，不顶撞、不忤逆，有理有节，文明待人；尊重同学、朋友，不粗言野语、不侮辱、调戏他人、不打架斗殴，慎言慎行、礼貌待人；爱护幼小，躬亲示范，互尊互爱。尊重他人等于尊重自己，互相尊重，人际关系融洽和谐。

2.创设校园文化氛围

营造健康优美的校园文化环境设计和规划校园硬件环境建设，制订学校年总体规划，整体规划好学校的文化环境，让校园充满教育性、体现文化特质。

组织丰富多彩的校园文化生活积极开展各种健康有意义的课外文化活动，占领学生的业余生活阵地。各班要利用班团会，经常组织学生开展各种小型的文化娱乐活动，活跃学生的课余文化生活；学生会、团委要发挥职能，以广大学生爱好、兴趣为纽带，增设让全校学生自主参与的活动，丰富第二课堂。

学校每年要举办一次以上全校性的大型文体活动，倡导学生参加，使广大学生的艺术素质得到普遍提高，引寻校园文化向健康高雅的方向发展。

建设良好的校风，要结合本校实际，弘扬校风，形成自己的特色，引导学生养成文明、守纪、勤学、上进的良好思想品德和行为习惯。

校园文化建设的具体实施

1.物质文化的具体实施

物质文化是校园文化建设的基础，也是校园文化的载体。大到校园的整体布局规划，小到一室、一梯乃至一厕的净化、香化，都是物质文化内涵的具体表象。

我们应把它当作一种重要的管理手段，充分发挥其管理育人、教书育人、活动育人、环境育人、服务育人的作用，使学生在校其间耳濡目染、日积月累，最后形成观念、化为行为。通过物质文化教育和精神文化教育相结合，形成一套明确、完整的办学思想体系和独特的教育教学风格，并以此来培养学生形成健康、良好的心理素质和健全的人格。

班级物质文化是班级文化建设的"硬件"。它主要包括班级教室的设计、布置以及班级的教育设施等。那么班级物质文化建设具体的工作有哪些呢。

（1）注重班级卫生。要窗明几净，地上没有纸屑，创造一个整洁的学习环境。这需要全班同学长期的努力，要有文明的观念、文明的行为，要持之以恒地与乱丢、乱吐、乱扔等行为作斗争。

（2）教室环境改善。整洁的地面环境，美观的陈设布置，个性化的园地专栏，图文并茂的板报设计，使学生的心理上感到安全舒适，更起到陶冶性情、激发美感的作用。

教室四周的墙壁均可利用，营造出整洁清新、充满美感的浓厚的文化氛围。总之，班级是学生的第二个"家"，良好的班级环境建设会对学生产生润物细无声的浸润和熏陶的教育功能。

（3）物品合理摆放。班级卫生工具、奖状及需要张贴墙面的制度等要按学校规定的位置摆放、张贴。充分利用阳台、窗台等地设立生物角，让教室整洁清新、充满生机与美感。

2.制度文化的具体实施

以规章制度、公约、纪律等为内容的班级制度文化是班级文化建设的关键。作为班级文化中层面的制度文化开发的如何，直接关系到班级能否做到规章合理、纪律严明、管理科学。

各班要依据各班实际情况，指定出富有特色个性的班名、班风、班训、班歌等。

以新课程理念为指导，结合新的《小学生守则》和《小学生日常行为规范》，制定相应的班级管理制度，制定学生自评互评细则，每周进行评比，学生相互教育督促良好行为习惯的养成。严格规范学生的言行，使之养成良好的言行习惯。

3.精神文化的具体实施

班级精神文化是班级全体成员的群体意识、舆论风气、价值取向、审美观念等精神风貌的反映，是班级文化建设的核心。良好的班级文化使人身居其中，处处感到集体的温暖，同学之间团结友爱、互相鼓励、互相关怀，师生之间民主平等、爱生尊师，这种氛围使人心情舒畅，产生一股令人振奋、催人向上的力量，这种凝聚力一旦形成，会产生强烈的吸引力，把师生团结起来，共同为班级的发展而努力。

通过"个性班级文化"建设评比活动，可以使得班级文化建设更加完善，那么"个性班级文化"建设评比活动具体内容有哪些呢？

学年初，公布《个性班级文化评比细则》；第一学期，期中，进行"个性班级文化"的"物质文化"和"制度文化"的交流、评比、展示。第二学期，开学初，进行"个性班级文化"的"精神文化"的交流、评比、展示；第二学年，初由班级文化建设成绩突出的教师对全体班主任进行"班级文化建设专题培训"。

通过这样的流程，使我们的"个性班级文化"的创建工作成序列，制度化，内涵不断更新。

校园精神和物质文化建设

　　文化是历史上各种物质和精神现象的积淀，"文化"具有"培养、培育和有教养"之意，与"教育"的内涵基本吻合。校园文化则是学校的总体文化，是指学校在长期的育人实践中所逐步营造的具有学校特色的物质财富和精神财富的总和。

　　校园物质文化精神文化是相互联系、相互制约、相互作用的，物质文化的创造是在一定的观念支配下采用一定的行为方式而实现的，精神文化总是体现在一定的个体或群体的行为中，并对其存在的物质环境产生某种文化影响力，行为文化的形成，又总是伴随着一定的价值观、生活信念和行为规范，行为的指向必须存在于一定的物质环境中，再者，物质文化的创造、精神文化的孕育以及行为文化的选择，都要打上社会关系的烙印，制度规范的要求。因此，校园文化应当是物质文化、精神文化不可分割的有机整体。

校园精神文化建设

　　校园精神文化建设是校园文化建设的核心内容，也是校园文化的最高层次。它主要包括校园历史传统和被全体师生员工认同的共同文化观念、价值观念、生活观念等意识形态，是一个学校本质、个性、精神面貌的集中反映。校园精神文化又被称为"学校精神"，并具体体现在校风、教风、学风、和学校人际关系上。

　　1.学校校风建设

校风建设实际上就是校园精神的塑造，校风作为构成教育环境的独特的因素，体现着一个学校的精神风貌。在校风体现形式上，校风主要表现在校训、校歌、校徽和校旗上。

好的校风具有深刻"强制性"的感染力，使不符合环境气氛要求的心理和行为时刻感受到一种无形的压力，使每一位校园人的集体感受日趋巩固和扩展，形成集体成员心理特性最协调的心理相容状态。

好的校风具有对学校成员内在动力的激发作用，催人奋进；好的校风对学校成员的心理发展具有保护作用，对不良的心理倾向和行为具有强大的抵御力量，有效地排除各种不良心理和行为的侵蚀和干扰。

2.学校教风建设

教风是教师在长期教育实践活动中形成的教育教学的特点、作风和风格，是教师道德品质、文化知识水平、教育理论、技能等素质的综合表现。

要抓好校风建设首先必须抓好教风建设，因为学校是育人的场

所，是人才的摇篮，而教师是人才的培养者，理应在"三育人"，即管理育人、教书育人、服务育人的过程中发挥主力军的作用。

只有在干部职工中树立起实事求是、艰苦奋斗、勤政廉政、团结协作、高效严谨、服务周到、细心耐心的工作作风和在教师中树立起为人师表、教书育人、治学严谨、认真负责、耐心细致、开拓进取的教风。才能引导和促进勤奋学习、积极向上、严谨求实、尊师重教、遵纪守法、举止文明的优良学风的形成。总之，没有良好的工作作风和教风就难以形成良好的学风。

3.学校学风建设

学风是指学生集体在学习过程中表现出来的治学态度和方法，是学生在长期学习过程中形成的学习习惯、生活习惯、卫生习惯、行为习惯等方面的表现。

优良学风像校风、教风一样，对学校教育教学质量的提高，对学生人格品质的发展和完善，对培养学生成为德、智、体、美、劳全面发展的接班人，都有重要意义。

4.人际关系建设

学校人际关系包括学校领导与教职工之间的关系、教师之间的关系、教师与学生之间的关系。良好的学校人际关系有助于广大师生员工达到密切合作，形成一个团结统一的集体，更好的发挥整体效应。

（1）领导与教师的关系。学校领导，必须树立牢固的服务意识，平等待人，要一身正气，公正处事，绝不可双重标准；要敢于负责，对教师的过失自己也要主动承担。

而教师，必须正确地对待领导，服从和支持领导的工作，打破"完人"观念，对领导要有适度、合理的期望值，对领导在工作中出现的缺点和失误，要真心实意地帮助，抱着对工作负责、与人为善的态度予以指正。遇到困难和挫折，应从大局着眼，放宽气量，发牢骚

要注意场合，讲究分寸，不要故意为难领导。

（2）教师与教师的关系。教师之间的关系，比较微妙、复杂。教师之间，首先要互相尊重。尊重他人，既要有对自己正确的评价，也要对他人全面、客观的评价，既要尊重与自己感情较好、观点相近的同事，也要尊重与自己联系较少、观点相左的同事，要注意克服自傲、妒忌的心态。当发生矛盾冲突时，要宽容大度，虚怀若谷。

其次时要做到优势互补，学校工作是整体，必须靠全体教职员工同心协力，互相配合和支持，每一个教师都有其自身的优势，因此，教师之间的交往应充分挖掘互补功能，使教师在互相交往中实现思想上的互助、信息上的互换、情感上的融合和知识上的整合，以提高整个队伍的专业化水平。

最后就要以情感来互动，通过互动，促进交往的动态平衡发展，达到每个人价值的最大实现，从而在学校，形成互相欣赏、互相促进、互相竞争的交往机制。

与同事交往，要培养广泛的兴趣爱好，了解政治、军事、科学、艺术、体育及生活潮流，使你有更多的渠道和机会与更多的同事接近和交往；要善于设身置地，换位思考；要善于表现友好相处的愿望；要相互理解，要学会"雪中送炭"，在关键时刻送上温暖，要及时、妥善地处理矛盾，对待矛盾要学会退让、等待、迂回。

同事之间的争辩要掌握好分寸，要避免使用过激和尖刻的语言，以不伤害对方为尺度，对于不是原则问题，要适可而止，给对方一个台阶，让对方"顺坡下马"。

（3）教师与学生的关系。教师对学生的教育，必须以良好的师生关系为基础。教师与学生交往，必须遵循：尊重、理解、平等的原则。尊重是一种爱，只有老师对学生付出真挚的、深沉的爱，才能得到同样的回报，才能完成教育的任务，达到育人的目的。

理解是取得信任的基础，教师与学生由于在观念、信息、思维方式、情感体验、价值取向等反面的差异，因此，师生交往必须以理解学生为前提，要了解学生，要深入学生的内心世界。

平等是现代师生关系的基本标尺。教师与学生虽然在角色上处于不平等的位置，但是教师与学生在人格上是平等的。在师生交往中，实现了师生在人格上的平等，才能实现真正的师生沟通。

要尊重学生人格，要维护学生自尊心，要重视发挥期待的作用，教师与学生的交往，要将各种期待，远的、近的、具体的、抽象的、有意识地传递给学生，这对于树立学生的自信心，培养他们自强不息的品格，尤为重要。

校园物质文化建设

在校园文化建设中，精神文化是目的，物质文化是实现目的的途径和载体，是推进学校文化建设的必要前提；物质文化建设是校园文化建设的重要组成部分和重要的支撑。校园物质文化，属于校园文化的硬件，是看得见摸得着的东西。校园物质文化的每一个实体，以及各实体之间结构的关系，无不反映了教育价值观。

完善的校园设施将为师生员工开展丰富多彩的寓教于文、寓教于乐的教育活动提供重要的阵地，使师生员工教有其所、学有其所、乐有其所，在求知、求美、求乐中受到潜移默化的启迪和教育。

完善的设施、合理的布局、各具特色的建筑和场所，将使人心旷神怡、赏心悦目，将有助于陶冶校园人的情操，将塑造校园人的美好心灵，将激发校园人的开拓进取精神，将约束校园人的不良风气和行为，将促进校园人的身心健康发展。

1.校园物质文化的作用

校园物质文化是学校精神的固化体现，体现了学校成员的集体智慧、力量、整体感，体现了物质文明和精神文明的高度协调发展。整

洁、优雅、文明的校园文化环境能够折射出一所学校的精神特征，会大大激发学生的求知欲，促进学生、教师的积极进取。

物质文化的建设既包括校园内可见可触的客观存在物，如各种建筑物、图书资料、教学科研设备、文体活动设施、校园网络等教育教学硬件设施，还包括可观可赏的环境布局，如校园的总体规划设计、楼堂馆所的布局美化、校园道路、花草树木、雕塑牌匾壁挂等。

内涵丰富的物质文化，既是学校校园文化的物质基础，也是学校综合办学实力的重要标志，从一个侧面反映了师生员工的素质和创造能力。同时这种物质文化营造出的境界和氛围，对身在其中的学生起到"环境育人"的作用。

建设优秀的校园物质文化，使之有着丰富多彩的内容和表现形式，就是要让学校全体成员长期处在一个积极向上的文化氛围之中，给社会一个良好的学校品牌形象，充分发挥其强大的教育、导向、凝聚、激励、约束、辐射等功能。从某种意义上说，学校品牌是公众对学校的一种印象和评价，其实质是一种"文化认同"。

因为，文化是品牌的灵魂，品牌是文化的载体。文化与品牌是灵与肉的结合。学校文化丰富了学校品牌的内涵，学校品牌展现了学校文化的魅力。实践证明：创建学校特色是薄弱学校走出困境的高效之路。

2.校园物质文化建设内容

（1）校园建筑建设。校园建筑和校园景观是校园物质文化的主要组成部分。建筑是一门艺术，建筑艺术的特点是在满足使用要求基础上，通过其巨大的空间形象，表现特定时代和民族精神风貌、思想情感和审美趣味的艺术。

它作为景观，影响人们的视觉感受和情绪；作为使用设施，直接影响人们的活动范围和生活。学校建筑既有满足教学、科研、学习、生活需要的功能，同时又有审美方面的要求。

所以，校园建筑既是一种物质生产，又是一种艺术创造，要求实现实用功能和审美功能的统一。

一般来说，学生宿舍、食堂等生活设施实用性较强，讲究实用。因而，在设计上要多从实用角度出发，以满足学生生活需要为宗旨。

教学楼的设计在实用的基础之上，更加讲究舒适度并体现出一定的艺术特色。教室、实验室、图书馆、阅览室的建筑还要按照卫生角度设计，在朝向、采光、照明等方面按照要求规范设计。从总体上看，现代校园建筑越来越重视审美，越来越强调艺术特色。

（2）校园景观建设。在校园的物质环境中，校园景观建设也不容忽视，加强校园景观建设要做好绿化美化工作，使校园的山、水、园、林、路等达到使用功能、审美功能和教育功能的和谐统一，用优美的校园景观激发学生的爱校热情，陶冶学生关爱自然、关爱社会、关爱他人的美好情操。

学校要在公共场所布置具有丰富内涵的雕塑、书画等文化作品，营造高尚健康的人文景观氛围。学校要组织学生广泛参与校园楼宇、道路、景点的规划、建设、命名以及管理工作，增强学生对校园文化环境的认同感。

真正高品位的校园物质文化应当是一种"无言之言"，是无处不在，无时不在的人文气息、精神氛围；是全体师生与众不同的气质、风度、习性、心态，等等。

因此，在学校物质文化设计中，要重视建筑本身的形象语言，要重视景观的心理暗示，要重视制度建设中的人本思想，要重视校风的精神色彩。

一句话，要用高雅的校园物质文化将学校形象充盈得鲜活饱满，让每位学生带着景仰走进校园，带着依恋离开校园，用全体师生的人格魅力扩大自己的品牌效应。

3.校园物质文化建设原则

（1）重要性原则。高水平的学校管理，归根到底还是文化的管理。高品位校园文化的形成，必定给学校注入勃勃地生机与活力。轻视学校物质基础文化的建设，师生的精神家园将颓废散乱，学校将失去发展提高的目的。

（2）独立性原则。没有独立精神的校园物质文化无异于没有校园文化。学校应根据自己的特点和具体环境，进行具体的设计定位。纵观成功学校的校园物质文化建设，不难发现都有其独特的校园文化。

（3）人本性原则。学校领导要引导师生员工正确认识学校物质文化所倡导的思想理念和价值标准，让他们体验到"我做对了"，"我成功了"。

（4）长期性原则。学校物质文化是一个学校在长期经营中形成的，其建设是一个漫长的过程，是一个不断提高的过程。

5."两手抓"原则

精神文化是校园文化的核心和灵魂，在校园物资文化建设的同时要加强校园精神文化建设。因此，各中小学在交园物质文化建设的同时，也要大力加强校园精神文化建设。坚持"两手抓"的政策，使校园物质文化建设与精神文化建设相辅相成，相互促进。

总之，校园物质文化是学校教育的一个重要组成部分，是素质教育的重要载体。加强校园物质文化的建设，是循序渐进的过程，需要持之以恒。校园物质文化对学生思想理念的影响虽不是立竿见影的，但却是稳定渐进的。要相信，品牌的校园物质文化必然会有利于全面实施素质教育，从而促进学生健康成长。

校园精神文化的影响力

　　学校作为教育的最主要的阵地，其作用无疑是巨大的。近年来，学校文化，尤其是学校精神文化，已经成为许多学校领导者积极探索、努力建设的内容。

　　学生是学校教育与文化影响的对象，学生整体素质的高下直接反映着学校教育教学质量与文化影响。在学校精神文化的构成中，学生文化是一个重要的组成部分，学生文化与社会文化，特别是时尚的社会文化有着紧密联系，对学校精神文化的形成与改造发挥着深刻的影响。

在学校教育过程中，思想道德教育是整个教育的方向和目标，只有培养出具有良好思想道德的学生，才能为国家建设提供动力支持。下面从校训、学风、教风、班风等几个方面来分析一下学校精神文化对提升学生品德方面的巨大作用。

校园精神文化对学生的具体影响

1.校训对学生品德的影响

校训是一个学校的灵魂。校训体现了一所学校的办学传统，代表着校园文化和教育理念，是人文精神的高度凝练，是学校历史和文化的积淀。校训作为一个标尺，激励和劝勉在校的教师和学子们，即使是离开学校多年的人也会将校训时刻铭记在心。

中国高等学府清华大学的校训是"自强不息，厚德载物"，也是当代大学生应该具备的优秀品质和基本道德素养。它精辟地概括了中国文化对人与自然、人与社会、人与人的关系的深刻认识与辩证的处理方法，是中华民族的民族精神与民族性格的重要表征。

作为一个高尚的人，在气节、操守、品德、治学等方面都应不屈不挠，战胜自我，永远向上，力争在事业与品行两个方面都达到最高境界。

校训能体现学校的办学原则与目标，同时它也是一种文化，是一种面向社会的精神标志，能为学校起到一定的宣传作用。有些校训还对其本校的创建历史或文化背景有所反映，包含着较多的信息。因此校训是反映学校教育价值观，弘扬学校精神特质的简洁训育词语，是学校文化的核心表征。

由于每个学校教育资源和教育价值取向的不同，反映学校文化的校训也会有所不同。由此可见，校训对学生，尤其对学生的品德有巨大的影响作用。

2.学风对学生品德的影响

学风是学生集体或个人在学习过程中，表现出来的带有倾向性的、稳定性的态度和行为。具体表现在学生的学习习惯、生活习惯、卫生习惯等方面。

学生集体的态度和行为，表现为集体的感受、情绪、习惯、传统及舆论等，对集体的每一个成员产生积极的或消极的作用；学生个人的态度和行为，则表现为一种个性，对学生个人学习成绩的好坏，进步的大小起决定作用，对集体的其他成员也发生影响。优良学风的主要表现是：学生勤奋学习，尊师敬友，遵纪守法，互谅互助，举止文明等。

3.教风对学生品德的作用

教风是教师的教学思想、教学方法、教学风格、教学态度和工作作风的集中表现。先进的学校文化要求每个教师必须做到：忠诚党的教育事业，把全部的心血和知识无私地奉献给学生，教师为学生而学，学而不厌；精心教导，诲人不倦；言传身教，为人师表。

4.班风对学生品德的影响

班风，即一个班级的风气，是一个班级集体通过长期的交往、交互活动所形成的学习生活风气，是集体荣誉感、道德观、价值观等诸多因素的综合体现，是学生在校学习生活、成长的动态过程，一个良好的班风离不开"敬、竞、静、径、净"。

（1）敬。作为同学，大家要互相尊重、互相学习。有句话说得好：要想得到别人的尊重，首先自己就要尊重别人。所以，同学们应以宽广的胸怀与同学相处，不能气度狭窄，脏话连篇，更不能歧视同学。

因为这样会破坏双方的情感沟通，积造起心理的樊篱，形成一种压抑消极的精神状态，对学习和其他方面造成非常不利的影响。

（2）竞。在学习的过程中，我们要形成一种你追我赶的积极进取氛围。良性的相互竞争可以很有效地促进大家的学习。

（3）静。这是学习环境中最起码最首要的一点要求。学习是要思考的，没有安静的环境，怎么进入认真思考状态呢。

（4）径。是指教与学的方法。老师的教书方法是否科学生动，学生的学习方法是否科学高效，这对整个班集体的成绩都有重要的影响，因此，加强"径"的培养，意义重大。

（5）净。这又是对客观环境的一条基本要求。假如课室尘灰飞扬垃圾遍地，学生怎能有怎样的心绪学习呢？就是上课时黑板没擦干净，也会直接挫伤学生的学习情绪。因此，每个学生都应以主人的角色自觉维护好课室的整洁。

5.领导对学生品德的影响

领导作风是建设校风的关键，一个优秀的学校领导，往往会造就一所优秀的学校。学校领导通过把自己的领导经验高度概括出来，形成校训或校歌，指导着学校中的每一分子行动方向。

校园物质文化的影响力

　　校园文化是学校发展的精髓和灵魂，是指导学校健康发展的方向和指南，是凝聚学校师生的力量源泉。校园文化中的物质文化建设，是校园文化建设的有形载体，是凝聚了人的文化的物质存在形式，是学校在发展过程中积累下来的物化形式存在的总称。在校园文化建设中，物质文化建设既是推进校园文化建设的必要前提和条件，又是校园文化建设和重要途径和载体，其建设状况在一定程度上直接影响着校园文化的质量和整体水平。

物质文化对学生的具体影响

　　学校品牌的"文化品位"不仅体现在价值取向，制度规范和行为举止方面，而且还有外表形态，即学校物质文化。学校物质文化是学校精神文化的静态传达，也是学校制度文化的必要补充。

　　校园物质文化是校园文化的重要组成部分。由于校园物质文化所具有的对学生的促进、导向功能，它由浅入深，分为三个方面：认知层次，情感体验层次；行为层次。从传播功能来看，效果层次的有效性并不一定按照上面的认识那样由浅入深的秩序罗列，三者的顺序是可以颠倒的。

　　在实践的基础之上，学校提出了把学校特色发展成学校品牌文化的设想，引导校园物质文化实现"三个走向"：走向艺术，发挥其美育功能，引导学生去发现美、欣赏美、创造美；走向民族经典文化，

帮助学生领略中国传统文化的魅力，丰厚文化底蕴，培养民族意识；走向态度、情感、价值观，培养学生对待学习工作的态度，培养精益求精的价值取向，培养勇于创新的精神。

"三个走向"的目标是引领学生感悟人生的真谛，将来做一个能适应社会发展、促进社会进步的人。

1.教室文化对学生的影响

教室文化建设环境可以塑造人，也可以改变人。"孟母三迁"的故事很早就给我们证明了这一点。教育是要讲环境的，好的环境对学生的成长确实有着不可低估的熏陶作用。

学生在学校的学习环境包括校园环境和教室环境两大部分。而教室又是学生学习的主要场所。良好的学习环境对优良班风、学风的形成有着重要的促进作用。作为一名人民教师，有义务更有责任去为学生创造一个良好的班级环境，即"美观、整洁、朴实，大方"的学习环境。

把一些历史伟人、民族英雄、革命导师、著名科学家、思想家、文学家等杰出人物的画像，挂在教室的墙壁上。这些人物都是人类的精英，是青少年学生学习的榜样。他们不平凡的一生，伟大的业绩，崇高的人格和光辉的形象，都会对学生产生极大的吸引力，容易激发学生对他们的敬仰之情，并对照典范严格要求自己，推动自己积极上进。

悬挂一些艺术画，既可以潜移默化地对学生进行艺术熏陶，又可以提高教室的品位和格调，使学生生活在一个高雅和不俗的环境中。

教室墙壁上张贴一些名言警语，会使得教室四壁生辉，而且名言警语大都富有哲理，是人类智慧的结晶。如"少壮不努力，老大徒伤悲"，"宝剑锋从磨砺出，梅花香自苦寒来"，等等，这些名言警语，就像一位良师益友，时刻教育、启发、鼓励着学生在知识的海洋中奋力拼搏。

2.教室绿化对学生的影响

一般的学校，校园的绿化通常都很到位，但教室绿化基本很少。而教室是学生学习、教师教学的最主要的场所。这里又是人多、空间小、空气质量差，对师生的健康都有不利影响。因此，在教室里适当摆几盆花草，既净化了空气，又赏心悦目，体现出一种对学生和任课教师的人文关怀。教室绿化对教室文化建设来说，既是画龙点睛，又是锦上添花。

为学生创造一个良好的教室环境，对学生进行文化熏陶，这无论从智育、美育，还是从德育的角度对提高学生素质都是大有裨益的。它们会对学生产生一种心理暗示作用，促使学生更好地学习。由于学校对教室文化、美化建设比较重视，学生的思想认识水平都有了较大地提高。

3.宿舍文化对学生的影响

宿舍文化是指附于宿舍这个载体来反映和传播的各种文化现象。

宿舍是学校的重要组成部分，其现状如何，直接反映出学生的个人修养。因此，宿舍文化是校园文化的重要组成部分，它直接影响着校园文化的建设。

提倡积极的宿舍文化，必须克服那些消极因素。具体表现在：宿舍内部成员之间的冷漠症、事不关己、高高挂起、做独行客，为一些鸡毛蒜皮小事斤斤计较，有些则逃避自己的舍员义务，只要享受舍员的权力。宿舍与宿舍之间老死不相往来。应提倡正常的交流与合作。

注重宿舍文化的建设，除了自律，还应该有他律，具体而言就是要纳入制度轨道，有章可循，使它成为校园的基础工程之一，促进它的健康发展，走入室内、书、被、桌、椅、一律整齐有致，再加上鲜花、字画乐器，更显得有宾至如归的感觉。

宿舍文化在教育中起着举足轻重的作用，加强对宿舍文化的引导和控制，既是为学校构造一个健康、活跃的文化氛围，也是为学校的教育自身设计一个当代意义上的隐性课程，对培养高素质人才有高度的意义！

校园制度文化的建设

　　学校是专门育人的地方，良好的校园环境能起到潜移默化的育人功能。良好的校园文化不但能推动学校的物质文明建设，还有利于推动学校的精神文明建设。

　　校园文化建设是学校教育的重要内容，它有助于我们在建设的过程中增长知识，更有利于孩子的健康成长，对孩子的思想道德素养的提高具有重要的意义。

　　校园文化是整个学校全体成员凝聚在一起的强大精神力量，也是

学校的品牌形象。自觉主动地创建和发展校园文化，能够增强学校自身的凝聚力，提高教育教学教育质量；同时，能够对学生、家长及周边地区以及整体社会产生示范辐射作用。

制度具有约束力，是我们一切活动的依据，是校园文化稳定发展、持久不衰的保证。校园文化制度是校园制度之一，校园制度作为校园文化的内在机制，是校园文化建设的保障系统。

校园文化制度建设应坚持文化的正确方向，突出鲜明的文化特色，力求发挥文化的育人功能。有文化无制度，文化的价值和功能会大打折扣。有制度而无文化，就像一潭死水，毫无生气。只有制度化的校园文化，才有校园文化魅力；只有制度化的校园文化，才能促进校园文化的发展。

校园文化制度与校园文化建设之间的关系表现为：校园文化制度是校园文化建设的保障；校园文化建设是校园文化制度管理的提升；校园文化制度管理与文化建设可以相互交融，共同促进。

制度管理为学校的建设和发展提供刚性的指导和规约，是学校发展的基础保证。校园文化的建设则需要载体。学校制度的制定、落实、完善等一系列过程，同时也是校园文化形成、提升的过程。反过来，校园文化也会影响制度的制定、落实及完善。

为了使制度管理与文化建设相互渗透、共同促进，学校的管理者在考虑学校的建设与发展时，一定要考虑周全。不但要深刻分析这所学校现状及社会发展方向的基础上，用高瞻远瞩的文化视野，制定学校发展的远大目标；而且还要深入了解这所学校的历史，包括制度建设基础与一些潜在的文化。

学校文化的形成是一个漫长历史积淀的过程，只有学校的管理者同时扮演好管理者和文化的传递建设者两个角色，学校的文化才能源远流长、与时俱进。

校园文化制度建设的问题

1.校园文化制度的制定没有体现民主

（1）个人独断的现象。现在很多学校都是法人说了算，而往往法人就是校长，所以就变成了校长说了算。校长说我们该怎么做就怎么做，校长说开展什么样的活动就开展什么样的活动。

（2）领导班子讨论现象。这种情况现在出现得比较多。这类学校是领导班子几个成员讨论后决定，不征求广大教师的意见。

2.校园文化制度内容不全面、不具体

（1）制度内容不全面。校园文化制度是制度下的一个大的制度，它又包含了许多小制度，如校风、教风、学风等。在制度的内容上往往顾此失彼，顾到了校风、教风、学风方面的内容，却忽视了校园文化活动开展方面的内容。有的是重视了校园文化环境方面的内容，却又忽视了校园文化特色方面的内容。

（2）制度内容不具体。有的制度笼笼统统，只有大的框架，让人看了费解，不知道如何去落实和实施。比如，开展形式多样的实践活动，丰富校园文化活动。看了之后你知道是开展哪些文化活动，用什么样的形式吗？不知道。所以用细化的制度规范我们的制度化管理，才能推动我们校园文化制度的建设。

3.校园文化制度措施落实不到位

（1）认识不够。这里的认识指的是思想上的认识，很多师生在思想上认为，制度只不过是流于一种形式，到时候没有落实到位也不会有什么惩罚。所以，提高师生的思想认识是非常重要的。

（2）管理不到位。管理不到位主要指的是分管校园文化建设的管理人员没有严格按制度来规范和要求。制定出相应的措施后没有认真履行自己的职责，忽视了措施的落实。要不然就是落实措施的力度不够。

（3）没有物质保障。为了能更好地推动我们的校园文化制度建

设，配备相应的激励机制是非常必要的。然而由于某些学校的资金不足，无法保证在制度建设上的一些资金要求，就造成激励机制"激"不起来。没有物质的保障，很多工作都难以开展下去。

（4）制度没有定期总结。一个制度形成以后是需要试行一段时间的，包括校园文化制度在内。在一段时间后针对这个制度的好坏进行总结分析，好的继续使用，不好的在听取群众意见后进行相应的调整，改进制度的不合理。一学期或者一年，我们对其进行一次总结和改进。

但就目前来看，一些学校是没有进行总结的改进的，而且一个制度可能用了好多年。时代在前进，社会在发展，校园文化建设在不同时期内容是不同的，校园文化制度的建设也要与时俱进，制定出相应的校园文化制度。

校园文化制度建设的策略

1.提高思想认识，转变管理理念

提高师生思想认识，遵守校园文化制度。制度具有规范和约束的特点，它是我们必须要遵守的，是一定要这么做的，它的存在约束着我们的一些言行。

在思想上不能松懈，要意识到这个制度不是制定出来好看的，是与师生和学校的发展息息相关的，是推动良好的校园文化建设，营造良好的校园文化氛围，促进校园文化活动的积极开展的。

转变制度管理理念，"硬""软"管理结合起来。在传统的校园文化管理中，校长首先考虑的是怎样约束和规范师生员工的行为，统一思想，快速推进学校的发展。

在时代的洪流中，现代管理者的理念发生了变化，更注重"以人为本"，把人的发展看作是管理的目的，突出"人"自身的价值和发展的需要，注重用激励机制而不是单纯用约束的方法。

2.积极推进改革，使之民主化、制度化

校园文化制度建设的民主化，是为了能更好地制定出切实可行的制度。选用民主的方式，可以充分发挥师生员工主人翁的精神。古人云：三人行必有我师焉。

博众之长，才能将校园文化制度制定得更全面、更详细、更具实效性。用制度的建设指导我们校园文化工作的积极开展。

校园文化制度建设的制度化就是制定规范的、全面的、可操作的校园文化制度。让制度化的校园文化建设积极推动校园文化的发展。

3.校园文化制度制定和修改的原则

每一个学校都制定有校规校纪，但都不是完全相同的。随着社会的进步，时代的发展，情况也会随之发生变化或改变，新问题的出现等一系列的问题接踵而来。要与时俱进，就得制定一些新的制度，修改一些原来的制度。校园文化制度的制定和修改不是随意的，它应该遵循一定的原则。

（1）目的性。不管是修改旧制度还是制定新制度，目的要明确，针对性要强，这样的效果才会明显，学校师生才会感到这是必要的。师生对制度的认同度越高，制度提升为文化的可能性越大。

（2）可行性。首先考虑校园文化制度落实的必要的物质条件。如现代化的教学设施、与新课程相匹配的实验条件，远程教育需要的先进教学设备等等。

（3）基础性。在校园文化制度的制定过程中，要考虑到制度制定的文化基础。

第一，校园文化制度的制定因校而异。学校不同，文化历史也会不同。一个学校的教育思想、管理措施、办学目标的实现往往受学校文化历史的左右。

校园文化虽有可塑性，但其惯性的力量不可低估。如在教师合作

与竞争的关系上，我们鼓励的当然是合作与竞争共存。也就是合作中有竞争，竞争中有合作，形成双赢或多赢的局面。

第二，校园文化制度的制定因时而异。这个"时"既指时代，又指学校发展的不同历史时期。同一所学校的校园文化有其相对的稳定性，但也不是一成不变的。制度制定不能朝令夕改，应有一定的稳定性；也不可能永远不变，必须有一定的时效性。

（4）民主性。在制度制定或修订中，一定要坚持民主集中制的原则，特别是要使全体教职工积极参与制度的制定与完善的过程，发挥工会、教代会的民主管理和监督作用。学校的做法主要是通过学校行政会议集体讨论，然后由全体教职工提意见，最后学校行政会议再集体讨论的做法。

这样可以发挥班子集体领导的作用，又可以群策群力，使学校管理者和各部门的管理人员上下一心，以便规章制度的规定和要求落到实处。

另外，要让学校教代会履行审议职能，这样可为学校各项规章制度的顺利实施奠定群众基础。规章制度有群众基础是其能提升为校园文化的前提。

校园体育文化的建设

　　校园体育文化是以学生为主体的，以课外体育文化活动为主要内容，以校园为主要空间，以校园精神为特征的一种群体文化。校园文化作为一种社会文化，也是在一定社会政治、经济、文化、教育、体育等条件下，由学校广大师生在实践过程中共同创造的体育物质财富和精神财富的总和。

　　如今的校园体育文化不仅仅是由学生主导，而且也还由老师主导。各大校园每年都有举办师生共同参与的体育活动。例如，福建省每年一届的教授篮球赛，赛事由福建各大校园轮流主办，整个赛程安排几乎由主办学校的学生会一手操办。老师和学生的完美合作是促进更健康校园体育文化产生的必要条件之一。

　　校园体育文化作为学校教育的重要组成部分，在德、

智、体、美、劳全面发展的教育方针中，在培养身心健康和具有创新精神和实践能力的社会主义现代化合格人才中具有十分重要的作用。

学校体育运动会改革

将传统的校运会由单一的运动竞赛转变为融健身、娱乐、竞技、文化活动为一体的综合性体育文化活动；由面向少数有体育特长的学生改为面向全体师生员工；由追求胜负、名次，变为全面开发学生的潜能，培养学生体育文化活动的实践能力和创造、创新能力，促进德、智、体、美全面发展。

把单纯的体育健身变为育体、益智、健心，充分发挥体育的多维功能。从而使校运会成为联系学生的纽带，成为凝聚全校师生的载体，并对学生进行体育文化教育，促进素质教育的发展。

1.定期举办院校体育节

体育节不仅要有展示各体育兴趣小组特色的活动，而且要有为其他同学感受运动的快乐的机会。如拔河、多人绑腿跑、踢毽子、长绳接龙等项目。这些活动参加人数多、场面热烈，运动员们争先恐后，竞争激烈，各班的拉拉队文明、奔放、热烈，充满激情与活力，不仅为学生提供展示个人才华的机会，培养发展学生个性，而且增强学生集体责任感、荣誉感。

体育节除了体育表演、体育比赛、宣传教育等内容外，还可以开展诸如体育专题讲座、体育演讲比赛，体育知识竞赛、图片资料展等活动。

体育文化节的活动形式也可采用集中与分散结合的方式进行，即开幕式、闭幕式等大型活动全校集中、小型活动可按系科、班级或按阶段分期进行。这样，就能够全面地开展校园体育文化活动，取得更好的教育效果。

2.创造校园体育文化氛围

加强对体育的宣传力度，把校园体育文化体现在校园生活的每个角落中，使体育锻炼意识深入人心，使体育活动成为每一个学生日常生活不可缺少的一部分。

（1）体育文化宣传。校园体育文化宣传利用标语、板报、广播、校园网等宣传媒体为学生介绍体育赛事、体育培训、体育消费指南、体育欣赏知识、体育明星及国际国内体育动态，心理健康知识等。

（2）体育文化渗透。这是指学校任何领域均要有体育文化精神，谈到学习，就要谈学习与健康；谈到劳动，就要谈劳动与健康；谈到思想，就要宣传精神与健康，使校园体育文化深入人心。

3.加强进行体育文化教育

体育课是实现校园体育目标的基本形式，是对学生进行有目的有组织的教育过程，是校园体育文化的基本组成部分。是传播体育文化和体育思想的重要途径。

因此，体育课要以学生的学习和锻炼为中心培养学生树立终身体育意识，养成锻炼习惯，提高锻炼能力。在选择教材的安排和方法上，既要考虑锻炼的实效性、科学性，也要增加趣味性，要让学生达到"懂、会、乐"的体育效应。

学校体育文化的规范

完善的强有力的学校体育管理体制和健全规范的体育规章制度是校园体育文化建立和健康发展的有力保证，是校园体育文化管理规范化、科学化的关键，是一切校园体育文化活动的准则。建设校园体育文化制度需要从许多方面进行。

1.实现管理的制度化

（1）要力求制度订立的完善性。校园体育文化制度订立时要充分尊重全校师生员工的积极性、主动性和创造性。集中大家的智慧，要考虑到各个方面，处理好体育课内文化与体育课外文化，体育教学文

化与体育训练文化，学校竞技体育文化与学校业余体育活动文化，校园体育文化与校园其他文化的关系。

（2）规章制度要具体便于操作。规章制度是人们的行为规范，该怎样做，不该怎样做，做什么，做到什么程度必须是具体的、明确的，不可模棱两可。必须有较强的针对性和操作性，使人一目了然，并能依此行事，言行举止有所依规，以免使之成为一纸空文。

（3）坚持制度作用的导向性。制度是一种保证，又是一种导向。在校园体育文化建设中，制度不仅起到规范作用，还必须起到引导的作用。因此，在校园体育文化建设中，要坚持制度作用的导向性，引导校园体育文化向健康、文明、高雅的方向发展。

2.实现管理的系统化

（1）要有明确管理目的。目的是进行一切工作的起点和归宿。没有明确的管理目的，一切管理工作将迷失方向，误入歧途。校园体育文化建设也要有明确的目的，即使学生认识到体育锻炼的意义，提高体育锻炼的兴趣，最终实现终身体育锻炼的目标。

（2）要有分管的领导。在一个管理系统内，有了分管的领导，各个管理系统要素才能围绕这个核心有序的进行。因此，学校必须设立一位专门管理体育的人员，对体育设施、体育活动、体育社团进行集中管理，促进校园体育文化建设的顺利开展。

强化校园体育文化设施的管理，体育场地、设施、器材是师生进行体育教学、锻炼的基本条件，要教育大家爱护环境。更重要的是学校师生员工要有保护意识，以主人翁的态度爱护校园体育设施。

校园安全文化的建设

　　校园安全文化是中小学校出现的一个全新理念，它和中小学生的安全素质教育密切相关，是中小学生身心安全和健康的基石，它是校园文化的重要组成部分，又是中小学校园里一种特殊的文化现象。

　　学校安全文化建设水平的高低已成为学校核心竞争力的基本内容之一，是现实学校科学、可持续发展的基本前提，没有学校师生人身和学校财产安全的保障，没有平安和谐的学校环境，学校文化的建设、学校教育的科学可持续发展将只是建在沙丘上的玲珑塔，学校的

一切工作都将失去稳定的支撑基石。

如何进行学校安全文化建设，这是一个重大而永恒的课题。可以从校园安全物质文化、校园安全行为文化、校园安全制度文化、校园安全精神文化几个层次加强学校的安全文化建设。

校园安全文化建设的基础

学校安全文化的要依赖于一定的物质基础，在学校安全构成要素中，最直观、最外显的因素就是校园的硬设施和硬环境。坚实的学校安全物质文化是学校安全行为文化、学校安全制度文化、学校安全文化的基础。

1.增加政府资金的投入

学校在学校安全文化建设过程中应当通过多渠道，多途径解决这些问题。譬如争取上级主管部门的专项资金、获取地方政府投入、个人捐资、修建方垫资等方式筹备经费，使已有教育教学设备设施达到国家规定标准。学校在新建、改建校园过程中必须根据教育法规进行，为师生提供安全的物质文化保障。

2.改善学校设施设备

想要为学生提供一个安全的学习环境，就要通过建设学校安全物质文化来不断改善办学条件、办学环境。如改造危险校舍、加高走廊栏杆，更换老化线路，加固围墙、添置灭火器材等，基本消除学校存在的不安全隐患，为校园安全文化提供物质保障。

3.营造安全校园的氛围

学校要努力建设安全的精神环境和营造安全文化氛围，让学生在安全的精神环境中受到陶冶和教育。通过校园外在的安全精神文化的精心设置，给学生予潜移默化的安全教育。

如学校要开辟安全宣传栏，刊出安全法律法规、安全知识技能等，安全信息，建立安全友情提示角。在节假日、汛期、高温、秋冬干燥季节到来之前发布安全友情提示，让它成为学生特殊时段安全的良师。安全标语和安全宣传画上墙，让它成为学生日常安全的益友。

校园安全文化建设的完善

安全文化是围绕学校师生安全，规范学校安全管理，规范师生安全行为，要求全体师生共同遵守的规章制度以及相适应的组织机构。安全制度是学生安全行为的准绳，又是安全文化的基础和载体。学校通过建立健全安全制度，丰富校园安全文化；学生通过遵守安全制度，规范安全行为。

1.建设安全文化的制度

安全文化并非指学校安全文化环境的布置，或安全文化活动的设计，而是通过安全制度文化的规范、安全行为文化的养成，日积月累，逐步将外在的约束内化为师生的安全行为心理定势。师生对安全问题的个人响应与情感认同，从而转化为校园安全文化。

学校安全工作与其它工作一样都需要建立一套完整的、系统的制度，建设好安全制度文化对稳定学校秩序，保证师生生命财产安全，提高教育教学质量起着保障作用。

一套完善的安全文化制度应包含着一系列的分支制度，从而体现它的系统化。

（1）安全责任制度。每年主管校长对校长、各年级对处室、老师对年级、学生对班主任，各岗位职工对主管主任，层层签订安全责任状，纵到底、横到边，不留空白，不留死角。

（2）中层领导值班制度。值周、值班领导24小时不断人，周不隔天，日不断时，实行交接班登记制度。成立相关组织机构，及时处置突发的情况。

（3）大型活动安全预案申报制度。各种学生大型活动，将安全预案与活动安排同时进行，纳入活动安排的重要议程。

（4）消防值班制度。以及学生宿舍、实验室、微机室、食堂等重点部位的消防安全岗位责任制。

（5）消防培训制度。每学期至少一次，可以集体校会的方式进行。消防人员要进行灭火器实际操作培训。

（6）护校队巡逻制度。组织义务护校队，经常安排巡逻，加强重要部位的空当期间值班。

2.建立安全文化的核心

学校安全文化是师生安全思维方式、安全行为准则、安全道德观、安全价值观等一系列安全意识形态的集中反映，是学校安全文化的最高境界。

要建设和完善校园安全文化，首先要加大安全的宣传教育力度，努力提高学生自身的各种素质，为养成安全习惯奠定基础。要加大安全制度文化的执行力度，让学生在制度的规范中习惯成自然，变为自觉行为；尊重学生在安全中的主体地位，培养学生安全文化的主体精神，使安全成为学生的自觉行为。

3.加强安全文化的教育

增强学生安全行为意识，建设学生安全行为文化，提高安全行为的水准。首先要通过教育，培养学生主体的自觉自愿精神，形成主体的安全行为意识。

思想是行为的先导，安全行为意识的形成必将成为推动安全文化的强大动力。学生的安全行为意识越强，对自己的安全行为意义就理解得越深，就会自觉地按正确的安全规则制度做事、做人。

为此，学校要组织师生认真学习安全法律法规，学习《中小学生安全管理条例》、《中小学生安全事故处理办法》、《交通安全法》等；学习安全防范知识，提高师生自我保护能力。学习防火防盗防抢知识，牢记火警匪、警报警电话，学习安全小常识。学校要通过开设安全教育课程，聘请法制副校长，举办安全法制报告会，召开以安全为主题的班团队会，办黑板报，组织开展安全教育日、周、月活动等，通过多种渠道、多种形式的安全教育，增强学生的安全行为意识，提升安全防范能力。

4.完善安全文化的内容

学校随着社会经济的发展，针对校园安全工作特点，在原有安全文化的基础上进一步建立健全完善各项制度。如随着信息化的发展，网络进入社会、校园、家庭，学校要制定网络安全制度，规范学生上网行为，引导学生文明安全上网。

5.落实安全文化的责任

校园安全文化的建设的责任重于泰山，要真正落实就要确保各项安全制度的完整实施。每月安全制度及隐患整改要定期进行，如遇节假日，时间延后，要及时与相关领导做出汇报。学校一方面要与部门、科室负责人、班主任、科任教师签订安全工作责任书，把安全制度落实到每一个人。

明确提出各部门、科室、班主任、科任教师等应承担的安全职责，特别是要明确值周领导、值班领导对重点时段和重点地点的安全监控职责。使他们有责可负，有责必负。另一方面，学校要加强宣传教育，不断提高师生遵守安全制度的自觉性。

还要建立安全制度执行机构，一方面成立学校矛盾并纠纷调解领导小组，对出现的问题及时处理，将可能发生的故事处理在萌芽状态。另一方面设置师生心理卫生咨询室，对师生的心理问题进行及时疏导。

目前，学生多为独生一族，家长多有溺爱，难免使部分学生性格略显缺陷，加之农村孩子父母大多在外打工，学生心理健康状况水平偏低。对有心理缺陷的学生进行心理健康帮扶显得尤为必要，也是建设校园安全文化的需要。

6.检查安全文化实施效果

安全文化是靠人去执行落实的，再好再完善的制度，如果仅停留在制度汇编里，或挂在墙上，是不会产生好效果的。因此，学校要定期、不定期对各项安全制度执行情况进行督促检查，发现不足要及时整改，确保各项安全制度落实到位。

学校安全文化是学校教育教学管理所必需的，学校只有不失时机地加强校园安全制度文化建设，才能不断提升安全管理的层次和水平。

总之，学校安全文化是一个有机的整体，学校安全文化建设是一个系统的工程。我们要以完善安全文化的价值体系为重点，以强化安全管理和落实行为规范为突破口，不断改善学校物质条件和内外环境。通过学校安全文化建设，使广大师生的安全素质得到提高，树立人人讲究安全，时时重视安全，事事注意安全，处处不忘安全的思想，让校园处处盛开"安全花"。

校园文化建设的提升

校园文化建设是一项复杂的系统工程，它具有多侧面、多角度、多层次的特点，它所包含的内容之广、渗透力之强是一般教育因素难以企及的。因此，深层地研究本校实际，依据本校办学经验和办学目标，动态地构建校园文化脉络，提升、规范校园文化，必将增强学校思想道德教育的实效。

但是，由于缺乏科学的领导，发展的眼光，由于对校园文化建设的认识还不够深刻，依然存在着不少问题，影响着校园文化的功能，德育工作的实效。

当前小学校园文化建设中注意的问题

1.注意校园的物质环境建设，却缺乏特色与活力。

加强校园文化建设，发挥环境育人功能，必须建设文明、整洁、优美、有序的校园环境，营造浓郁的校园文化氛围，实现人文环境和自然环境的有机统一、协调发展，使师生员工沉浸在文化的氛围之中，呼吸高雅的文化气息，达到陶冶情操之目的。

（1）看起来布局合理，格调也幽雅，起到了净化、绿化、美化的作用，却缺少特点。

（2）没有实行动态管理，张贴的名人像、警句格言等一劳永逸，学生对其熟视无睹，布置成了一种摆设。

（3）教室布置整齐划一，墙面整洁干净，感觉不到生命的流动，

放弃了学生个性生成的主要车地，丧失了开展实践活动的多样舞台。

因此，规划校园必须考虑到整体化、生活化、人性化、开放化、多样化和现代化。人文景点的建设要别具匠心，提高文化品味；充分开发校本资源，为开展校史、爱国主义、集体主义教育提供理想场所。让环境成为一部立体的、多彩的、富有吸引力的教科书，一部流光溢彩的、流动的电影。

要充分运用好这些校园资源，发挥它们在每一阶段的作用。可以让学生用多种形式描绘美丽的校园；可以组织校园或校园一角最佳设计方案大赛；可以对校园景观提出修改性意见；可以组织每一届的学生写雕塑介绍词，赋予它新的历史意义……总之，让学生用心灵去感悟，去欣赏，去爱护。

软性环境的布置要有特色。如建立主题走廊，内容经常调换，开展相关活动。新鲜的内容富有时代的气息，引导学生去欣赏、去思考、去实践、去创造，提高审美鉴赏能力和创造能力。要充分发挥校园的隐性教育功能。

教室环境要生动活泼，班风自己设计，体现各自的风格与追求；可以根据学生的意见，设置一系列专栏；可以摆放自己培育的花卉；可以开辟图书角；可以张贴名书名画；甚至可以允许学生在墙上画上自己的创意画，等等，打破常规的一成不变的、静止的模式，充分体现不同的集体和个人对校园文化的认识与理解，赋予它丰富的生命力，形成各班独特的人文氛围，使每一个专栏实际上都成为学生进行学习、探究、实践的课题和园地，为学生的发展提供更为宽阔的空间。

2.有丰富的校园文化活动，但内涵不深，成效不大

校园文化活动是校园精神文化建设的主要内容，不少学校的文化活动看起来丰富多彩，却是以应付上级的有关活动为目的，组织不够科学严谨，花架子多，说教型的偏多，没有体现德育的实践性原则。

因此，在开展校园文化活动中，要以理想信念教育为重点，形成"以重大节日为契机、以爱国主义教育为主题，以科技、文娱、体育和社会实践活动为基础"的校园文化活动新格局。

通过座谈、报告会、电影周、读书活动、升旗仪式、富有纪念意义的歌咏会、诗歌朗诵会等对学生进行爱国主义、社会主义、集体主义教育；通过春季卫生活动月，植树种草周活动、学英雄做好事活动、环保者活动、走访家乡的名人、了解家乡的巨变等社会实践活动对学生进行国情、区情、乡情的教育；通过各种体育、艺术等比赛活动进行合作精神、集体主义教育；通过主题演讲比赛、主题班会、技能大赛、图案设计大赛、校风征集、校歌创作等锻炼和提高学生的综合素质；通过科技创新活动，培养学生的创新意识、创新精神，提高学生的创新能力；通过校园科技节、文化艺术节、读书节活动，培养学生人文素质；通过广播、影视、报栏、校刊、校园网等宣传舆论阵地，倡导正确的舆论导向。

开展多学科、多层次、多内容的校园文化活动，不仅有利于拓宽学生知识面，改善知识结构，培养学生的表达能力、交际协调能力、组织管理能力，而且还有利于培养学生的参与意识、竞争意识和成才意识，促进学生个性的发展，增强学生的自尊心、自信心和社会责任感、历史使命感，从而促进学生素质的全面提高。

3.有比较完善的制度，却缺乏群众性，缺乏人文关怀

校园制度文化作为校园文化的内在机制，是维系学校正常秩序必不可少的保障机制，是校园文化建设的保障系统。

但在制定各项规章制度时科学性、时效性、可操作性、人文性体现不够，执行的严肃性不强，使制度不能内化为师生员工自觉意识，不能很好地起到规范、制约和激励作用。其次有完整的规章制度，但负责将各项规章制度予以执行和落实的队伍不够广泛和强大。

因此，必须加强相应的组织机构建设和队伍建设。制度文化建设包括制度建设、组织机构建设和队伍建设，组织机构建设和队伍建设是确保制度建设落到实处，并使其真正起到规范校园人言行的关键环节。

校园文化组织机构的健全和完善，校园文化队伍的勤奋与能干，对正常开展校园文化活动，加强校园文化建设，具有十分重要的、决定性的作用。一般宜采用校长负责。校长是一个学校的代表，是校园文化的设计者，又是校园文化建设的指挥者。

要确定以人为本的思想，学会关心人、尊重人、信任人，善于发挥人的潜能，激发人的创新精神。校园文化领导组织的组成，应该由学校领导、教师学生等方方面面的代表组成。

因为教师和学生是学校的主体，他们的积极性和潜在能量是巨大的能动资源，如果由师生共同参与设计校园文化建设，他们的感受将会达到新的境界，教育的效果将事半功倍。所以文化行为的设计、出台要经过全体员工的一致认同，以达到全校师生共建校园文化，共造校风，共守校规的目的。

要认识到提高教师整体素质是校园文化建设的关键。教师既参与校园文化的设计，还组织实施。教师要主动用校园文化行为约束自己、塑造自己，以高尚的道德情操和完美的教师形象，影响教育学生，自觉地把校园文化融入到教学活动中，对学生进行素质教育。

在新的教育形势下，校园文化建设还要坚持以江总书记的"三个代表"重要思想为指导，不断开拓创新，致力于创建现代新型的校园文化，适应瞬息万变的时代要求。

提升和规范小学校园文化建设的几条对策

1.体现发展的理念，建立创新、竞争的校园文化

建设校园文化，要以学生的发展为主题，以"人文、协作、创新、实践"的学校精神为指导进行。以人为本的校园文化建设承载着

精神文明建设的使命，必将体现一定的时代特征，从而培养并输送出能适应时代发展，能参与社会竞争与合作，能积极推进、引导社会发展的学生个体。

这些学生走上社会，将会用他们的品质影响社会风尚，用他们的人格影响未来的社会道德，使他们成为知识经济时代生产力发展的中坚力量，成为先进生产力的开拓者、先进文化的弘扬者和最广大人民利益的维护者。

2.坚持创新的观点，创建新型一流的校园文化

要以全新的观念、方法去创建新型一流的校园文化，树立终身教育、创新教育理念，使校园文化传递融为一体。彻底摒弃"应试教育"，推行"素质教育"，提供创新思维平台，引导学生把梦想变为现实，激发热情，张扬个性，启发创造，让每一位学生经过多种实践活动，展示特长，体现自我价值，培养他们的自信心，调动他们的积极性。实践活动的开展，成为校园文化建设的重要组成部分，培养和提升学生创新思维、学习能力、搜集和处理信息等多方面的素质和能力。

3.建立校园网络文化，传递先进思想和时代最强音

网络作为"第四媒体"进入校园，对传统教育提出了挑战，校园网络文化已成为校园文化网络的重要组成部分，以其独有的方式深刻地影响着和潜移默化地改变着学生，特别是对学生的认知、情感、思想和心理。

但网络文化并非一方净土，如何进行引导和实施有效的监管，正成为学校德育急需解决的问题。所以要抢占网络思想文化阵地，弘扬主旋律，突出网络政治性、思想性、导向性、理论性、亲和性、多样性。如何突破，就要加强研究，努力构建健康文明、艺术化的、蓬勃向上的校园网络文化环境，使学生在这种文化环境中既获得信息素养和审美能力，又具有正确的信息价值观和道德观。

4.建立健全文化政策，突出文化建设整体性原则

突出文化建设整体性原则，就要注重"四育人"(教书、管理、服务、文化)的有机结合。在教学中，既要传授学生知识、又要教会学生如何学习、更要教导学生如何做人；在管理和服务上提倡"博爱"，为学生的学习和生活提供有效保障，在严谨规范的运行轨道中，充分锻炼学生自我管理的能力；环境是育人"土壤"，不但要注重"硬"环境条件的建设，更加突出"软"环境的培植，在学习创新、技能实践、文体竞技、团队精神、思想导向及生活等方面全面营造出良好成长环境。

中学的校园文化建设方案

指导思想

营造和谐的育人环境，是学校不懈的追求。和谐是一种动态的平衡,按照系统论的观点，和谐的教育就是指在教育活动中，力求使教育过程诸要素之间以及学校教育与社会教育和家庭教育之间始终处于一种协调、平衡的状态，从而提高教育质量，使学生的基本素质和个性品质得到全面、和谐、充分的发展。一个学校的和谐发展包括诸多方面的和谐，其中重要的一条就是校园文化建设的和谐。校园文化，是指以校园为地理环境圈，以社会文化为背景，以学校管理者和全体师生员工组成的校园人为主体，以群体价值观念为核心的一种亚文化，它既反映文化的一般性，又有自己的特殊性。校园文化建设中的和谐，包括物质文化建设、精神文化建设和制度文化建设，这三个方面建设的全面、和谐的发展，将为学校树立起完整而和谐的文化现象。

目标与要求

一般学校均建有教学楼、多功能厅、食堂、等设施，配有微机室、多媒体教室、图书室、阅览室、体育器材室等各类功能室，硬件设施齐备。但随着时间的推移，配置的升级和设施的维护是学校硬件建设中很大的一块。因此，对学校校园文化建设的基本构想应从以下三方面做起：

第一，历史的厚重与新的发展观念的和谐；

第二，彰现个性发展和追求统一制度管理的和谐；

第三，以校园文化熏陶人和创建文化的和谐。具体内容和措施：

校园物质文化建设

本着"追求高品位，主题鲜明化，上下齐心力，和谐大发展"的建设理念，搞好校园的绿化，楼道的布置，展板橱窗的设计，适当添加一些供师生休息、读书的设施，让校园的每一个角落都具有人文性，都能自然地成为育人的理想场所。让师生的教育行为与校园文化展现和谐之美。

1.荣誉墙：体现孩子七彩的童年，让他们在学校度过一段七彩斑斓的义务教育时光，同时它又是一本翻开的书，象征着学校是学习的殿堂，让孩子在学校愉快的读书，读让自己愉快的书。

2.校门主题雕塑：钢质结构，高速驶离地球飞向宇宙的造型，位于校门正前方。

3.在旧教学楼的楼顶用金属框架支撑起学校的校风：崇文尚德，格物致知。在新教学楼四楼走廊外的墙上支撑起学校的学风：好学、善思、博采、笃行。操场外围墙粉磨平整后雕刻写上办学理念：为孩子的终生着想，对学生的每一天负责。并用红漆嵌入字内。每间教师办公室把我们的教风：学高、身正、敏行、兼爱张贴于墙上。新教学楼后围墙内面墙上以及厕所处的三块黑板处全部用瓷片来定制成体育墙(上有各种体育运动的图案造型)厕所处水池中建立一个人造假山风景点。现有食堂处的评比栏重新设计规划，将公告栏移至校门口门卫室外墙处。

4.绿化：我们追求以绿为主色调，花开四季的效果。努力做到"春有花，夏有荫，秋有香，冬有绿"。表明我们追求的是学校的可持续发展，花草树木的布局错落有致，疏密相间，暗含着：孩子就是祖国的花朵，他们的个体是有差异的，我们将充分尊重这种差异，让孩子尽可能的和谐发展、全面发展。

5.班级文化建设：充分利用每一个教室后黑板，将自行设计的班徽、班训张贴其中；各班还可根据自身特点和学校统一的要求设计栏目主题，对学生进行宣传教育。班内还布置了"评比台"、"英语角"、"成长的足迹"、"卫生角"、"图书角"等，并将班内的墙壁、管道进行美化。彰现班级的特色，达到个性与共性的和谐统一。

6.文化墙："让每一面墙说话"是我们对校园文化墙的构思源点。我们本着"高品位、儿童化"的原则，对学校操场四周的墙壁进行文化着装。在内容上，我们将学校的管理制度和师生的作品结合，把代表中国灿烂古代文化的唐诗、宋词、名言等和代表现带文化发展的科技知识、天文、地理知识等相结合。形式上力求在学生必经的地方，进行全面铺展，点面结合。让每一面墙所说的话，和它的外在形式和谐统一。

道德规范

1.文明举止

（1）目标：弘扬传统美德，狠抓人文素质、培养文明内在取向；举止文明高雅，注意外在仪表，树立良好外在形象。

（2）工作任务：

①加强礼仪教育。

②加强形势教育，增强正义感。

③讲求卫生，增强卫生意识。

④开展艰苦奋斗、艰苦创业教育。

⑤开展敬业教育，树立干一行、爱一行、专一行的思想。

2.道德行为

（1）目标：形成遵守社会公德、尊师爱生、敬老爱幼、孝敬父母、团结友爱、助人为乐、互相关心、关心集体、珍惜维护集体荣誉，顾全大局、先公后私和先人后已的好风气。

（2）工作任务：

①开展以青年志愿者和共青团员为骨干的社区服务共建实践活动。

②进行人生观、世界观、价值观、道德观和爱国主义教育。

③进行艰苦奋斗、勤俭节约的教育。

④开展爱国爱校、成才报国为主题的教育活动。

3.校内秩序

（1）目标：继续保持和发扬校内良好的生活秩序、学习工作秩序，安全防范工作落实，无火灾事故、重大意外事故、重大盗窃、其他恶性事件和刑事案件发生，创建"平安校园"。

（2）工作任务：

①强化校园治安管理，建立健全各类规章制度，维护公共秩序。

②要加强门卫管理，把好校园治安第一关。

③维护校园交通秩序,避免事故发生,使车辆停放整齐有序。

④落实责任制，实行分级管理，确保师生活动安全。

⑤加强巡查制度，维护校园正常的学习、生活秩序。

⑥采取切实措施，加强防范工作，严厉打击各种违法犯罪活动。

校园精神文化建设方面

校园精神文化建设是校园文化建设的核心内容，也是校园文化的最高层次。它主要包括校园历史传统和被全体师生员工认同的共同文化观念、价值观念、生活观念等意识形态，是一个学校本质、个性、精神面貌的集中反映。校园精神文化又被称为"学校精神"，并具体体现在校风、教风、学风、班风和学校人际关系上。

1.校风建设

校风建设实际上就是校园精神的塑造，校风作为构成教育环境的独特的因素，体现着一个学校的精神风貌。在校风体现形式上，校风主要表现师生的精神风貌、文化氛围育人氛围。好的校风具有深刻"强制性"的感染力，使不符合环境气氛要求的心理和行为时刻感受到一种无形的压力，使每一位校园人的集体感受日趋巩固和扩展，形成集体成员心理特性最协调的心理相容状态；好的校风具有对学校成员内在动力的激发作用，催人奋进；好的校风对学校成员的心理发展具有保护作用，对不良的心理倾向和行为具有强大的抵御力量，有效地排除各种不良心理和行为的侵蚀和干扰。

2.教风建设

教风是教师在长期教育实践活动中形成的教育教学的特点、作风和风格，是教师道德品质、文化知识水平、教育理论、技能等素质的综合表现。

我们将实施教师"青蓝结对"工程，让不同阶段的老师在自己的位置找到自己发展的突破口，学校为他们搭建平台，创设教育环境，让新教师快速入格，让青年教师迅速形成教育风格，让中老年教师在教学上推陈出新，大胆接受新的教育思想。使每一位教师都能有所发展，从而形成学校学高、身正、敏行、兼爱的教风，推动学校的教学管理教学质量的和谐发展，稳步攀升。

3.学风建设

学风是指学生集体在学习过程中表现出来的治学态度和方法，是学生在长期学习过程中形成的学习习惯、生活习惯、卫生习惯、行为习惯等方面的表现。学校应从清洁卫生工作、学生的文明礼仪为突破口，率先创造出"整洁的校园环境"、"优雅的学生礼仪"，并以此为起点，对学生的学习、生活、行为等进行优质训练，努力使学生成为德、智、体、美、劳全面发展的人，和谐的人。

4.学校人际关系建设

学校人际关系包括学校领导之间的关系、学校领导与教职工之间

的关系、教师之间的关系、教师与学生之间的关系、学生与学生之间的关系。和谐的学校人际关系有助于广大师生员工达到密切合作，形成一个团结统一的集体，更好的发挥整体效应。

和谐的学校人际关系有助于调动教职工的积极性，更好的发挥个人才能，提高工作效率。和谐的学校人际关系还有助于排除和避免教职工之间、师生之间、学生与学生之间的矛盾和冲突，更好的完成学校的奋斗目标和工作任务。

为此，我们可以设置校长信箱、心理话信箱、工会活动、专家讲座等活动，让老师有机会说出自己的心理话，让学生有机会诉说自己的苦恼。让师生之间更好地沟通，让老师之间在相互的合作中取长补短，增进彼此的感情，消除误会，让矛盾冲突化解在萌芽之初，为学校创造出和谐的人际关系网。

学校制度文化建设

校园制度文化作为校园文化的内在机制，包括学校的办学理念、方针、规章制度，是维系学校正常秩序必不可少的保障机制，是校园文化建设的保障系统。"没有规矩，不成方圆"，只有建立起完整的规章制度、规范了师生的行为，才有可能建立起良好的校风，才能保证校园各方面工作和活动的开展与落实。

但是强有力的制度怎么得来？我们的制度如何体现对师生的约束和服务的协调？我们的制度如何予以落实？由此可见，仅有完整的规章制度是远远不够的。

因此，在制度建设中还应采取"从师生中来，到师生中去"的原则，做到"大家的制度大家定，大家的制度为大家。"此外通过建立教研组、年级组、办公室、学科组等团体形式来加强相应的组织机构建设和队伍建设。

也就是说，学校的制度文化建设实际上包括制度建设、组织机构建设和队伍建设三个方面的合力。组织机构建设和队伍建设是确保制度建设落到实处，并使其真正起到规范校园人、言、行的关键环节，校园文化组织机构的健全和完善，校园文化队伍的勤奋与能干，对正常开展校园文化活动，加强校园文化建设，具有十分重要的、决定性的作用。我们要努力营造的就是"人人定制度，制度管人人"的和谐制度建设局面。

制度好比催化剂，可以规范人们的言行，养成良好的习惯，促进人的健康成长。将制度建设作为环境教育的重要内容，与校园文化建设相紧密结合，相得益彰。

制度不仅仅是约束人们的一项措施，更是让师生在参与制定和执行制度中得到教育，得到激励。力求让师生在用制度来规范自己时，没有压抑的感觉，只是为了在更好的机制环境下学习和工作。

对学生规范的制度要充分体现对学生的关爱，对学生的教育和引导，关注学生成长的过程，而不能使学生在"禁止"，"拒绝"中发展成长，同时对学生的要求还须体现对学生自主性的调动发挥。

高校的校园文化建设方案

　　大学校园文化是教师、学生和管理者共同传承和创造的精神成果的总和。是全面实施素质教育的有效载体，是一所大学赖以生存和发展的重要根基，是大学个性特征的重要标志，是大学的精神和灵魂。

　　高校的校园文化是大学校园文化的重要组成部分，加强高校校园文化建设对于推进高等教育改革发展、加强和改进大学生思想政治教育、全面提高大学生综合素质等，具有十分重要的意义。

　　高校在办学历史中，积淀了深厚的文化底蕴。继承和弘扬学校的优良传统，构建富有时代特征的大学校园文化，是培养合格的社会主义建设者和接班人的根本要求，是实现学校持续发展壮大的重要条件，也是全体高校学生共同的历史使命。

校园文化建设的指导思想和总体要求

1.指导思想

　　高校校园文化建设要以马列主义、毛泽东思想、邓小平理论和"三个代表"重要思想为指导，贯彻落实科学发展观，坚持社会主义先进文化的发展方向，以精神文化建设为核心，以先进的制度文化、行为文化和优良的环境文化为载体，以促进高校的全面发展为目标，发扬"学高、身正、敬业、创新"的精神，坚持"崇尚科学、追求卓越"的办学理念，塑造高职高专精神，提高学校品位，为提高学生的综合素质创造良好的文化氛围。

2.高校校园文化建设的总体要求

通过实施校园文化建设，进一步创新高校文化内涵，创建校园文化精品，增强科技含量，强化道德养成功能，提高学校文化品位，促进学生全面发展。

遵循文化发展规律，以实施科学文化素质教育为基础，以高等技术应用能力培养为主，以人文修养培育为底蕴，以建设优良校风、教风、学风为核心，以优化校园文化环境为重点，以树立正确的世界观、人生观、价值观为导向，弘扬主旋律，突出高品位，重在建设，加强管理，和谐发展，彰显特色，不断满足大学生日益增长的精神文化需要。

要充分吸收现代大学的办学理念与思想精华，丰富学校精神内涵，增强凝聚力，确立在中国共产党领导下走中国特色社会主义道路，实现中华民族伟大复兴的共同理想和坚定信念，为培养合格的社会主义建设者和接班人提供强大的精神动力，把学校建设成为社会主义先进文化的重要阵地。

校园文化的建设目标

高校校园文化建设要突出特色，争创一流，进一步强化办学理念，弘扬高职精神，培育优良校风、教风、学风，加强内涵丰富的校园人文环境和自然环境建设，努力营造良好的育人环境和氛围。

1.教学严谨，学术氛围浓厚，改革和创新意识强烈，彰显高职教育特色，体现本校的校风。

2.以人为本的管理制度完善，铭记校训，构建"爱岗敬业、明礼诚信、公平正义、安定团结、积极向上、奋发有为"的和谐校园。

3.积淀"正气、灵气、大气"的校园文化底蕴，铸造具有本校特色、在省内高职高专院校有一定影响的文化品牌。

4.建设环境优美、设施完善、功能齐全的校园文化环境。

校园文化建设的主要内容

高校校园文化建设包括精神文化建设、制度文化建设、行为文化建设、环境文化建设。

1.要充分挖掘学校办学历史上的崇高精神品质。充分吸收现代大学的办学理念与思想精华，充分发挥师生继承和弘扬学校精神的主体作用，树立马克思主义世界观、人生观、价值观，确立在中国共产党领导下走中国特色社会主义道路、实现中华民族伟大复兴的共同理想和坚定信念，丰富学校精神的内涵，增强凝聚力。

2.建设民主、科学、进取、和谐的制度文化，是高校面临的迫切任务。要从制度上保证学校重大原则、重大决策的民主化，形成学校自我发展、自我约束的运行机制；积极推进学术民主制度的建设，不断完善学校管理的法制化、民主化制度建设，切实加强用人上的民主制度建设，创新人才工作制度。

3.行为文化是学校精神、价值观和办学理念的动态反应。要从制度建设入手，进一步加强师德建设和教风建设，进一步加强学风建设，树立严谨务实、勤政廉洁的工作作风，进一步提高校园文化活动的参与率，扩大覆盖面，注重实际效果，重视对校园文化活动的组织和管理。

4.要按照"绿色、清雅、理性、开放、和谐"的原则建设优良的环境文化。为师生创造有利于学习、工作、生活和娱乐的优美环境。

5.要开展学校品牌形象识别系统的建设工作。重视品牌形象的推广，重视公共关系工作，重视学校形象宣传工作，扩大学校在全省乃至全国的知名度，提升学校品牌的价值。

校园文化建设的主要措施

1.实施大学精神培育与弘扬计划

用先进的政治思想武装师生；用先进的教育理念武装师生。编印供教职工学习的《理论学习参考》，根据形势的发展介绍最新的政治理论、形势政策、教育观念和学校工作。

重视对校史资料的挖掘整理，修订校训，继续编写宣传本校优良传统和先进文化的图书，提倡各系组织力量搜集、研究和编写系史资料，不断丰富校史馆的资料，改进展出形式，使新生入学后的校史教育制度化。

要充分利用"五四青年节"、"七一建党纪念日"、"十一国庆节"、"一二·九运动"纪念日等重大节庆日和纪念日，开展主题教育活动，唱响集体主义、社会主义旋律。

对学校发展中涌现出的先进典型人物和典型事迹，要及时组织采写报道，进行广泛宣传。

重视与学校相关的重大的节日、纪念日的活动，把开学典礼、毕业典礼、校庆纪念日确定为学校重大活动，由学校统筹组织，使有关部门形成合力，把这三个活动办成学校最隆重、最热烈、最有影响力的活动。重视学校历史上的重要人物纪念日活动，努力弘扬先师身上表现出的优秀品质。

重视对反映学校发展进程的校史资料的各种文书资料、声像资料的搜集与归档工作，为老教授、学科带头人、骨干教师录制有关音像资料。

加强与校友们的联系，积极宣传取得较大成就的校友的先进事迹。同时，经常组织校友返校为在校师生讲传统、讲创业成才经历。

2.实施校园制度文化建设计划

加强制度建设，建立和完善符合社会主义市场经济体制的内部管理制度体系，依法规范学校的决策体制、完善决策过程和工作规则，实现决策的程序化、科学化，特别是重大问题决策的民主化。

建立和完善党委会、校务委员会议事制度；坚持和完善教代会、

工代会民主管理制度，按照规定开好双代会；重视团代会、学代会的作用；依法完善和切实执行校务公开制度，建立和完善情况通报制度、情况反映制度和重大决策征求意见制度，不断扩大广大师生员工对学校工作的知情权、参与权和监督权；充分发挥各民主党派的建言献策参政议政，发挥各级人大代表、政协委员和离退休老同志在民主监督和参与学校管理中的积极作用。

进一步加强党委领导下的校长负责制的各项制度建设，修订《党委会议议事规则》、《校长办公会议议事规则》、《行政会议议事规则》《校党政领导碰头会规定》、《教代会议事规则》、《学术委员会议事规则》、《校务公开制度》等一系列规章制度。加强各系的各项规章制度建设。

各职能部门要根据法律法规和时代的要求对已有的规章制度进行清理整顿，并根据学校发展的需要努力制定新的规章制度，解决有关规章制度过时的问题，解决有些工作无章可循的问题。要对全校各部门的规章制度进行梳理，解决学校规章与国家法律及上级部门的有关法规不相融通的问题；解决部门规章之间不能融通的问题。

建立和完善学生管理制度、学生组织规范、学生行为规范和各类规章制度，充分发挥制度文化在育人和高雅行为养成中的功能。

将全校各方面的规章制度汇编为《校典》，作为处理校内各项工作的依据。积极推进建立本校《章程》的工作。

加强法制教育，做好"五五"普法宣传教育工作，增强广大师生的制度意识，倡导依法办事、按规则办事；加强对依法治校和遵守学校《校典》工作的监督。

3.实施师德建设计划

大力倡导"志存高远、爱岗敬业，为人师表、教书育人，严谨笃学、与时俱进"的良好师德风范，鼓励和引导教职员工自觉在政治思想上、道德品质上、学识教风上率先垂范，为人师表。

修订《教职工职业道德规范》、《党政管理人员行为规范》；建立和完善师德考评制度，制定《教职工职业道德规范评价办法》，把教职员工的道德自律和有关制度的外在约束结合起来，保证师德建设的时效性和长期性。

建立激励与约束机制，引导教职工德才兼修。校党委每学年评选表彰一次师德及精神文明建设先进单位和先进个人及优秀辅导员，学生每两年举办一次"我最喜爱的教师"评选活动，树立典型，进行宣传学习，为教师的道德行为提供示范。同时，对违反职业道德的教职工，要予以及时处理，严肃教风，净化师德环境。

建立一套健全、可行、公开、严格的制度体系，不断完善师德建设机制。完善教师培训制度，对每年引进的人才和留校的教师进行师德和学校规章制度培训；建立谈话制度，分管教学、科研的主要领导和教学、科研部门的主要负责人每学期要对新上岗教师进行履行师德规范的谈话，帮助新上岗的教师一上岗就树立以德治教的意识；完善制约学术失范的规章制度，建立公开、公平、公正的学术评价制度；加强学术合作和交流，尊重他人的学术成果，实事求是地评价他人的科研成就。

要牢固树立依靠教师办好学校的意识，建立起尊重知识、尊重人才的风尚及和谐的人际关系；营造一个心情舒畅的工作氛围和优秀年青人脱颖而出的政策环境和灵活、高效的用人机制；从思想上、政治上关心教师的成长，关心教师的生活，积极创造良好的发展氛围和工作条件。

4.实施学风建设计划

完善工作机制。以学生工作委员会为统揽，统一协调职能部门、各系、团学组织和学生自律组织在学风建设中的作用。每年定期召开

学生家长代表座谈会，按时发放家长通知书，加强学校与家长的联系。把学风建设作为学生工作评估的主要内容，每学年举行一次总结表彰。

健全规章制度。修订《学生管理条例》、《学生奖学金评定办法》、《学生违纪处分条例》、《考试违纪处理办法》，发挥规章制度在学生学习生活中的规范、激励和导向功能。

加强日常管理。严格学生辅导员入住公寓和班主任每周深入学生公寓检查制度，加强学生早操、上课考勤，整肃考风考纪，加强校园不文明行为的纠察和引导。定期通报学生违纪情况，强化学生遵纪守法和道德实践意识。

开展弘扬社会主义荣辱观教育主题实践活动。把开展"知荣辱、讲正气、树新风、促和谐"主题活动，作为促进优良学风形成的有效手段和途径。

每年举办一次以"创优美环境，树优良学风，做文明师专人"为主题的爱校周活动，开展一次以"我爱我家"为主题文明宿舍创建活动，大力开展学生课外科技学术活动，营造生动活泼、健康向上的校园文化氛围。

5.实施校园文化活动精品计划

思想政治教育活动。通过大学生文明修身承诺活动、"爱校周"活动、敬老周、教师节慰问服务等活动，培养大学生的尊师、爱校、敬老意识和良好的行为习惯，提升大学生的文明素养。

学生学术科技活动。办好"挑战杯"大学生课外学术科技作品竞赛、创业大赛、大学生科技文化节、"专家学者论坛"和"青年学子论坛"，坚持两个论坛每年举办学术报告各不少于20场，"毕业生优秀论文报告会"每年举办20场，增加学生学术科研资助金总金额，每年资助项目不少于30项，着力培养学生较强的科研意识、创新精神和实践能力。

文体艺术活动。按照"大型活动届次化、精品化；中型活动各系化、特色化；小型活动社团化、经常化；品牌活动班级化、普及化"的活动思想，积极开展各类特色鲜明、参与面广的大学生文化、体育、艺术活动，精心打造"读书节"、"五月放歌"、"大学生从业技能大赛"、"大学生辩论赛"等校系20项品牌文化活动，进一步丰富同学的文化生活，拓展学生素质。

社会实践活动。进一步加强以教学实践、专业实习为主要内容的实践教学，做好新生开学的军训工作。深入开展社会调查。鼓励大学生服务辽西北，开展贫困地区支教计划、青春红丝带志愿活动。

继续做好文化、科技、卫生"三下乡"和科教、文体、法律、卫生"四进社区"活动。同时，要稳定和扩大社会实践基地，力争每个系、每个专业都有相对固定的基地，并长期坚持。

学生社团活动。建立校系分层次管理体系，本着"突出学术科技型、加强志愿服务型、优化文体艺术型、鼓励兴趣爱好型"的思路，调整学生社团布局结构，保持40个左右有影响的学生社团规模，落实每个社团"有一位指导教师，有一个挂靠单位，有一项特色活动，有一定经费保障"的学生社团"四个一"建设要求，每年推出不少于40项的学生的社团特色活动。

青年志愿者服务活动。坚持"奉献、友爱、互助、进步"的志愿服务宗旨，按照"立足校园、面向社会"的志愿服务活动原则，鼓励在校大学生人人争做注册志愿者，保证每位注册者每年不少于48小时的志愿服务活动，青年志愿者协会积极指导各分会每年至少开展100项形式多样的志愿服务活动。

6.实施校园文化阵地建设计划

《校报》要进一步提高新闻报道的时效性和针对性，凸现学府

特色。广播要面向广大学生，积极报道各系的动态，多报道同学中涌现出来的先进人物和先进事迹，多介绍高雅文化和学术知识。要加强对有线电视的管理，严格管理制度，确保有线电视传输安全。加强我校有线电视频道的建设，加强节目录制和节目安排，严格节目审查制度。要充分发挥有线电视网的思想政治教育功能，增强形势与政策专题片的播放。要大力加强网络建设与管理。

加强对校内出版物的管理，机关各处室的简报和系刊要经学校办公室审核并报党委宣传部备案；学生刊物包括团刊、班刊、社团刊物等要经校团委审核并报党委宣传部备案；质量较好的连续出版物要积极申请由省新闻出版局核发的内部出版刊号。校系两级至少要办好10份标志性学生刊物，要鼓励学生刊物提高质量，每年评出"十大学生名刊"，给予奖励。

积极建设大学生活动中心管理，扩大大学生活动中心的面积，增加活动场所，改善活动条件。

加强对论坛、讲座、研讨会的宣传与管理。开设"名家讲堂"，各单位邀请的名家来校作报告，凡列入"名家讲堂"计划的报告，党委宣传部、学校科研处等有关部门要全力支持配合，全程录像，做好宣传服务工作。鼓励各系组织面向全校的高水平的学术报告会。

7.实施校园环境建设计划

继续加强校园绿化美化工作，加强校园人文景点建设。

制定《校园环境管理规则》，加强对校园广告横幅、标语的管理和清理，保持校园环境整洁。

美化教室、实验室、图书室等公共场所的环境，开展学生公寓环境建设活动。

开展环境道德建设活动，组织开展大学生文明修身承诺活动、爱校教育活动（爱校周），大学生志愿服务组织要在环境道德教育中发挥带头和示范作用。

为增强人们对校园环境的新认识，激发师生爱校意识，征集"校园美景"及与其有关的诗文。举办"美丽校园"摄影作品征集和展览活动。

8.实施品牌形象塑造计划

建立品牌形象识别系统。规范各各系系旗的制作和使用。

设计校徽、校歌；做到每位师生都了解校史，熟知校训、会唱校歌。

规范学校办公用品的格式、标识，规范学校各类牌匾的规格与设计。

重视学校公共关系，建立记者接待和突发事件应急宣传制度。

重视对外宣传工作，建立新闻发布会和新闻发言人制度。

重视对师生进行品牌意识的教育。

校园文化建设的组织与领导

1.学校党委行政是校园文化建设的领导者和指导者

要正确把握学校文化建设的政治方向，确保学校文化的先进性，确保学校文化建设紧紧围绕培养人、教育人的中心任务、沿着健康的路线前进。校党委、行政要统揽全局，科学决策，促进办学理念的发展，丰富学校精神的内涵，推进学校制度的创新，建立与高职高专相适应的校园文化。

要坚持"以人为本"的思想，在工作中体现人文关怀，营造和谐的人文氛围。要定期研究校园文化建设工作，积极解决问题，保障师生的权益，调动师生员工参与校园文化建设的积极性。要将校园文化建设纳入学校事业发展的总体规划，并使之与学校的总体建设相适应。

2.成立校园文化建设领导小组，负责校园文化建设的统筹、检查、督促和落实

校园文化建设的主体是学校和各单位，各单位应有相适应的小组和负责人，负责抓好校园文化建设工作，要结合学校的工作实际，制

定校园文化建设的实施细则及年度工作目标和措施，组织落实。

3.以人为本，发挥师生在校园文化建设中的主体作用

要从政策和制度上激励党员、干部、教职员工和广大学生搞好校园文化建设的积极性。党员、干部、教师要在校园文化建设中起带头作用和表率作用。

对推进校园文化建设的先进单位和先进个人予以表彰奖励，并把党员干部教师在校园文化建设中的表现情况，纳入检查、考核、评议干部的重要内容。使校园文化建设在学校的发展中，真正达到"求真务实，以乐醒人，以美育人"的积极效果。

4.加强校园文化建设的保障

不断完善校园文化建设的政策和措施，校园文化建设的经费要纳入学校的预算，在人、财、物等方面加大投入，确保各项工作的顺利开展。学校在有关政策上要为校园文化建设项目的筹资提供帮助。

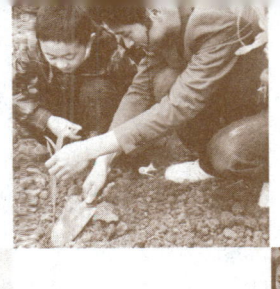

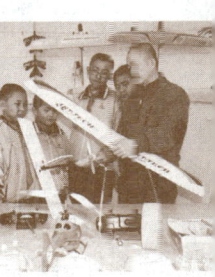
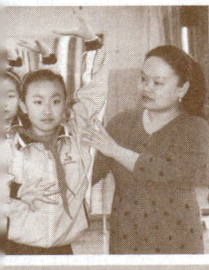

NO3.校园公共文化活动建设指导

校园公共文化管理意义

　　校园公共关系是学校与其内部和外部公众之间有计划、有系统地双向沟通的过程。学校公共关系的主体就是学校本身，它活动的全部目的在于激发公众对学校角色及目标的更好理解并努力完成学校任务。学校的性质、目标决定了学校的公共关系必须以教育人为最终目标。

校园公共关系文化的涵义

1.从观念形态看

　　公共关系是一种管理思想，其中心点是任何组织都不要以自我利

益为中心，只顾自我发展和眼前利益，而要把公众利益放在首位，优先发展。只有当组织的活动满足公众利益的需要，才能建立起良好的声誉，获得社会的理解和支持，才能为本组织的生存和发展创造有利的环境，奠定坚实的基础。

2.从实践形态来看

公共关系是一种管理职能。由于社会化的发展，组织间的依存显得非常重要，组织的对外联系、沟通，促进友善关系是组织管理的重要职责。

在组织内部，组织成员的民主意识日益提高，希望参与管理，以维护自身利益和促进组织的发展，领导与组织成员之间的联系是一项经常性的管理活动。

校园公共文化管理的意义

校园公共关系是一个有计划、有系统、长期性、的过程。学校公共关系还需要不断的争取内外公众的支持、合作，树立良好学校形象，提高学校的声誉，获得公众的人力、物力、财力等方面的支持，这些都是局部的、短期的目标，最后的落脚点只能是有利于尽快培养出更好的、全面发展的合格人才，学校公共关系的价值评判标准只能是这一点，这也是学校公共关系的最主要的特殊性所在。

由此，我们得出了学校公共关系管理的意义：学校公共关系是借助公共关系宣传自己，树立自身良好形象，得到社会、组织和个人的理解、配合、支持，以便提供质量更高、效果更好的教育服务，满足人们求知、求能的需要，使人的身心得到和谐发展。

学校开展的公关活动虽然在某些时候或个别活动中是出于盈利目的，但这种公关活动在学校公共关系中不占主要地位，不能代表学校公共关系的方向，所以，学校公共关系具有非盈利性特征。

公共文化管理对象与原则

组织发展公共关系的工作对象只有一个，那就是公众。公众的定义是这样的，是指与一个社会组织发生直接或间接联系，对该组织的生存和发展具有现实或潜在的影响力的个人、群体和社会团体。学校公共关系的对象就是学校公众，即是指那些与学校有利益关系、相互联系、相互影响的个人、群体、组织。

公共文化管理的对象

学校的公众，可以根据不同需要，从学校不同时期的公共关系目

标出发，从当时当地的客观条件出发，按不同的标准来分类，比如，按人口学分类；按性别、职业、教育程度分类；按公众对组织的不同态度分类，等等。下面是几种常见的分类：

1.内部公众和外部公众

这种划分的依据是看公众与学校之间有无归属关系，有则为内部公众，反之则为外部公众。内部公众是学校的组成部分，主要包括教职员工、学生。

教职员工的家属虽与学校没有直接的从属关系，但通过他们的家属与学校形成一种特殊归属关系，是学校的"后院"、"大后方"，他们可以起到稳定或涣散军心的作用，学校的兴衰也直接影响到他们的切身利益，所以，一般将教职员工的家属也列入内部公众之列。校董事会也属于内部公众。

外部公众包括上级政府领导部门、当地政府职能部门、与学校有协作关系的单位、学生家长、校友、有关学校、当地新闻系统，等等。

2.首要公众、次要公众和边缘公众

这种划分的依据很明显，那就是看公众对学校的重要程度，依次划分为首要公众，次要公众和边缘公众。首要公众是对组织的生存、发展具有重要影响及决定性作用的公众，是组织公共关系的重点对象。学校的首要公众主要包括学生、教职员工、上级领导机关等。

次要公众是对学校的生存、发展具有一定的影响力，但不是起决定性作用的公众。学校的次要公众与学校联系频率较低，作用力也较小。

边缘公众则是偶尔发生联系而作用很小的那部分公众。需要指出的是，首要公众、次要公众和边缘公众的划分是相对的，在不同时间和不同的问题上，首要公众、次要公众和边缘公众是可能相互转换的。

3.非公众、潜在公众和现在公众

公众的发展一般有这样一个过程：当组织的行为对公众产生了某

种后果时，这种后果就会导致公众与组织之间的关系发生由疏到密的变化，依照这一过程，可以把公众分为非公众、潜在公众和现在公众。

非公众是指在学校的视野中，在一定的时空条件下，既不受学校行为的影响，也不作用于学校的个人、群体和组织。学校正确找出非公众，将其排除在公共关系的工作范围之外，可以减少公共关系的盲目性。

潜在公众是指那些将来有可能和学校发生这种、那种联系的个人、群体和组织。这些个人、群体和组织已面临着由学校行为引起的共同问题，他们虽然有些还未意识到这种问题的存在，有些已意识到自己与学校面临的共同问题，已对问题产生的缘由、解决方法、今后发展趋势等相关方面的信息产生兴趣，只是并未采取行动寻求问题的解决，但他们以后必定要与学校发生联系。

学校公共关系中发现潜在公众，进行分析和预测，并以积极的态度、正确的方法对待他们，可增强公共关系工作的战略效果。

现在公众是指已与学校发生联系并发挥作用与影响的公众。学校与他们之间的关系已较明确，互相作用的方式也有一定的格局，是学校公共关系工作应经常注意的对象。

同样，非公众、潜在公众和现在公众的划分是相对的，随着情况的变化，非公众、潜在公众和现在公众是可以相互转化的。学校应根据利益关系，促成或改变他们，维护学校的利益。

公共文化管理的原则

学校公共关系管理是一项涉及人多、彼此有利益关系、工作环节繁多、方法多样的活动，但无论关系怎样复杂，方法怎样多样，有一些基本原则是必须遵守的，如下：

1.双向沟通原则

双向沟通原则是促进学校和公众相互了解、相互支持的一个有效

手段。既重视信息的输出，使公众了解学校的真实情况，又重视信息的反馈，使学校也能准确掌握公众的情况，以双向信息交流方式来开展学校公共关系。

学校公共关系坚持双向沟通原则，既要在学校外部公众之间建立起双向沟通的网络，即一方面利用各种媒介对外传播，使外界认识自己、了解自己、支持自己，另一方面又必须吸取外部公众的意见、建议、信息，将它反馈给学校的决策层，作为调整、改善自己的依据，又要注重对内部公众的双向交流。

校长可以向教职员工、学生下达指示，传递信息，也允许下属向上反映情况、问题、意见，并要多方收集教职员工、学生的反映，积极听取他们的意见，这样就可能使校内与校外、校领导与下属间相互认同、相互理解和支持，从而形成良好的公共关系，有利于学校工作的开展。

2.互利互惠原则

在公共关系中，公关主体、公众的行为都是受一定的利益驱动的，没有光是付出或光是得到的单向活动。学校公共关系不仅要维护自身的利益，也要维护公众的利益，这就是互利互惠原则。没有互利互惠，就没有真正意义上的公共关系，而互利互惠原则又包含了许多细节。

（1）以社会利益为原则。本学校公共关系要坚持互利互惠原则就要以社会利益为本，注重社会整体利益。这是说学校在开展活动，追求"自我利益"时要以社会利益为本，把社会利益摆在优先位置。

即使学校的教育符合社会主义办学方向，为社会发展服务。离开了社会整体利益这个根本而追求学校局部利益，不仅会偏离正确的教育方向，损害社会公众利益，而且还要损害学校的长远利益。

（2）以公众利益为出发点。学校公众是学校的生命，是学校生存、发展的源泉，学校的任何行为应首先考虑是否符合公众的需要，是否能帮助公众解决实际问题，是否会损害他们的利益。只要符合公众的利益，有利于人才培养的根本目标，即使有些行为、活动暂时对学校不利，学校也应坚持。

（3）要积极回报社会。学校公共关系不能只强调公众对学校的同情、理解、支持、支援，而必须积极主动回报社会。即可以充分利用知识、人才、设备等优势，为公众多办点实事，做些好事，尽量主动满足公众的需要，这样可保持学校在社会的长久生命力，争取到社会的长期支持，从学校对公众的"利他行为"转化为公众对己的"利他行为"，从而最终取得利己效果。

3.诚实守信原则

学校与公众建立良好的关系，要靠平日的积累，不可能一蹴而就。公共关系的魅力就在于以事实为基础，从小事做起。因为良好的公共关系的基础是当事者双方的相互信任，而这种信任的关系要在真诚互助的交往过程中才能建立起来。因此，开展公关工作一定要至诚待人，诚实守信。

学校公共关系坚持诚实守信原则，要求学校公关人员要为人师表不要言而无信、欺骗公众；对事实材料要客观真实地公开，不能故弄玄虚；要敢于正视学校的缺点、不足；认真对待公众的批评、意见，并针对不足加以改进，要让公众体会到学校的诚意；对公众的许诺要坚决兑现，要取信于公众。

4.人人有责的原则

公共关系涉及人多、事多、环节多，是团体性的工作，团体中的每一个人都不可避免地处在一定的公共关系中。学校的每项工作和每个人的表现都在不同程度上关系到组织的形象。

虽然一些较为重要的活动举办得好坏与否会使人们对学校形成一

定的印象，但人们对学校工作的整体评价和印象是在全体师生员工共同做出持续努力的项目上获得的。

因此，学校公共关系不仅是几位领导或公共关系人员的事，它需要全体教职员工和学生共同努力，共同创造学校的良好形象。

学校公共关系坚持人人有责原则，就必须调动广大教师的公关积极性，培养学生良好的公关意识，使学校的每一个成员都意识到自己有公关的义务。

但由于公关工作是一项艺术性、科学性、专业性都很强的工作，要求人人公关并不是要求学校的每一个人都成为公关人才，而是要求他们认识到自己是学校中的一员，在与外界交往时，处在与外部公众联系的第一线，要注意自己的言行举止给学校带来的影响，在适当的时机，尽己所能为学校做一些公关活动，为学校树立一些美好形象。

校园公共文化目标与特性

校园公共文化的目标

学校公共关系文化的目标是学校一切公共关系活动的中心和方向，也是学校公共关系活动所需要达到的目的和结果。一般来说，它在学校公共关系工作中起着重要的指导和激励作用。

学校作为一个集体，必然有着一个共同的奋斗目标，它是指把全

体学生培养成什么样的人的问题。它的出发点和归宿，需要全体师生共同参与的教育活动来实现。

公共关系活动作为学校管理的一种，其目标则是指在公众中树立什么样的学校形象的问题。它作用于公众并需要通过公共关系活动来实现，显而易见，它在实现学校的共同奋斗目标过程中，起的是一个非常重要的促进和保证作用。

学校公共关系的活动多种多样，其目标也不尽相同。依据管理学的一般原理，公共关系目标可以从不同的角度，划分为不同的类别。

从时间上看，可分为长期的、中期的和短期的目标。从发挥作用的范围来看，可分为内部公众目标和外部公众目标，它是指对不同的公共关系对象所制定的不同目标，具有很强的针对性。

从内容上看，可分为传播信息、联络感情、改变态度、引进行为等目标；从性质上看，可分为建设型、维系型、矫正型和进攻型目标。具体地说，一个学校初建时，为树立良好的学校形象而制订的目标，属于建设型目标。

为挽回受到一定损害的学校良好形象而采取措施、改善自身形象而要达到的目标则属于矫正型目标。

进攻型目标则是指与外部公众发生冲突或有利于学校发展时，学校公共关系活动人员采取主动措施，为创造一个新的局面而所要达到的目标。

学校公共关系的最终目标在于结合学校与社会的力量，以充分发挥相辅相成的效果，并赢取社会对学校的信任与支持。推进学校公共关系的重要目的，它包括许多内容。

告知社会学校的所作所为；建立并维持社会对学校的信赖感；争取社会对教育计划的支持；唤起社会对教育的重视；改善家长和教师合作关系，提高学生学习效果；结合一切力量为学生提供最佳的教育机会；评估学校所提供的教育与学生需要之相符程度；澄清学校与家庭、社会之间的误会。

校园公共文化的特性

公共关系，是生产力发展与社会组织分化的产物，在客观环境的各个领域发挥着社会"保健"作用，并影响着人类社会的政治、经济和人文环境，具有多面性、互利性、程度化、目的性、时代性等特点。

1.多面性

多面性指公共关系建立不是个人、学校或团体的单边行为，它总会牵涉到两个或多个有关联的第三者，是相互影响、相互作用的特性联系。

公共关系影响是相互的，但学校公共关系往往只突出主体对客体的影响，其目的是强调公共关系的能动性。着重针对主体讲解系统、实效的公共关系管理方法，是让主体主动去建立、维护公共关系，以满足主体对公共关系的需求。

2.互利性

任何个人、学校或团体之间发生的连带关系总是会存在双方的利益，公共关系依靠沟通、交流、协作等手段，创造的和谐、互惠氛围，能对社会活动中各主体利益产生调和作用，这不仅仅能让公共关系主体受益，而且也能让客体受益。

3.程度化

公共关系随主体与客体相互间情感、利益的紧密成分，呈现出"疏松、普通、至交、亲密"四个关联程度。信息传播到位、沟通融洽、利益一致，则公共关系紧密的程度就高。反之，其紧密的程度就低。

4.目的性

社会是靠利益结成关联的有机整体，建立公共关系必然会直接或间接的带有某种目的性，如情感需求、利益需求，反映的是某种价

值取向。只有目的明确，公共关系选择的客体才有针对性，采用的沟通、交流、传播、协作等手段才能直接、有效，并使公共关系的建立和维护具有价值和意义。

5.时代性

社会随时代进步，公共关系以时代为背景，融入社会的大环境之中。不同时期、不同经济发展水平、不同人文特点，都会产生不同的公共关系理论、方法和形式。只有适应了时代的公共关系才能符合社会发展的需要。

6.连惯性

公共关系的建立和发展是一项长期、系统、繁琐的工程。根据公共关系目的，关系主体需要经过深入调研、周密策划，有效选择有共同利益的客体建立公共关系。同时，需要根据关系双方的利益变化，依靠传播、沟通、协调等手段，对公共关系进行维护、促进，使公共关系持续得以发展。

7.逆转性

逆转性是针对公共关系主体与客体的位置而言。因价值需求，公共关系的一方会主动搭建关系桥梁，主动搭建关系桥梁的一方属于公共关系主体，接纳公共关系的一方属于公共关系客体。但随着价值需求程度的转变，一旦客体对公共关系的依赖性增强时，便会积极与主体进行角色互换，比如，主动沟通、交流等。当客体的主动性超越主体时，客体自然就转变成了主体。

校园要重视公共文化管理

在社会主义市场经济体制逐步建立和不断完善的过程中，政府的社会管理和公共服务职能更加突出，因而更加重视公共关系的建设。学校作为一个与公众息息相关的事业单位，重视公共关系，这对建设和谐校园和教育的健康发展有着十分重要的现实意义。

公共关系同时也是一种特殊的管理方法，它运用合理的原则和方法，通过有计划和持久的努力，协调改善学校对内对外的关系，使学校的各项活动和决策符合广大群众的要求。让学校在公众中树立良好的形象，无形之中使得公众加深了对学校的了解、信任、与好感。

校园必须重视公共文化的原因

1.自身建设和发展需要重视公共关系

学校无论硬件建设还是软

件建设，都需要得到自己工作对象的支持。学校要建设一支高水平的师资队伍，要营造一个高质量的校园环境，要培养一个高素质的学生群体，必然需要得到方方面面的支持和帮助。学校需要正面的评价，但这种评价不能仅限于学校的自我评价。

当前，对学校评价的发展趋势日益表现为评价社会化，所谓"金杯银杯不如老百姓的口碑"，说的就是这个道理。因此，在某种意义上来说，重视公共关系与否，是学校自身建设和发展的一项重要的衡量标志。

2.公共关系特征所致要重视公共关系

公共关系有三个重要的特征。一是目标特征，即追求正面的良好的组织形象。二是原则特征，讲求互惠原则。公共关系是有利益诉求的，它不同于慈善事业不求回报，也不同于市场营销，市场营销注重经济效益，追求高利润，公共关系注重社会效益，追求好形象。三是方法特征，注重双向沟通。

学校要和相应的工作对象保持正常的有效沟通渠道。家长和社会有知情权，学校有告知的责任和义务。要通过增进彼此的了解来增强理解和信任，营造和谐友好的发展关系和氛围。

3.家长和社会要求学校重视公共关系

一所学校，要建设成为让家长放心、学生高兴、社会满意的育人场所，必须外树形象，内蕴素质。这就要求学校应尽力掌握好公众对学校的意见、建议与要求，不断改进学校的工作，以树立正面的良好形象。

4.教书育人的职责要求重视公共关系

公共关系的职能，体现在形象监测、形象塑造、形象传播、关系协调以及教育培训和决策咨询等方面。学校形象，简而言之就是公众对学校的印象或评价。

学校通过形象监测和形象塑造，设计、塑造、校正、推广学校自身的良好形象，对正在长身体学知识、人生观世界观正逐步形成的青少年学生，将起到"润物细无声"的作用。

无论是学校这一个组织，还是学校这个组织中的每一个个体，都要十分重视和珍惜自身正面形象的塑造和校正。要通过形象传播，主动告之公众，扩大正面影响，为学生的健康成长创造和谐的有益的校园环境，为学生的个性发展奠定良好的基础。

5.学校教育资源配置方式的变化决定

教育资源配置方式的变化决定学校要重视公共关系。在计划经济时代，教育资源配置是单一的。随着我国社会主义市场经济体制的建立，经济主体日益多样化，利益诉求则表现为多元化，教育资源配置方式也开始走向多元化。因而学校在教育资源配置方式变化中，必然要重视公共关系，以期在现代教育发展中，力求实现教育资源的良性配置和优化配置。

当今，家长对后代教育的重视程度越来越高，期望值越来越大，学校与公众的关系也越来越密切。学校要适应社会发展，重视公共关系。

校园内部公共文化的建设

　　学校内部公共关系主要指学校对其组织成员的公共关系，包括教职员工、学生等。学校的组织成员对学校的发展具有至关重要的作用，学校对内部公共关系要加以重视。

　　学校组织内部的人事关系，是现代学校公共关系活动的源泉和轴心。因为学校公共关系活动的宗旨就是要沟通学校与公众的信息交流，通过学校本身的信誉来树立学校自身的形象。而这些都取决于学

校内部包括管理者在内的全体师生员工的努力,取决于学校组织与师生员工的关系状态。

内部公共文化的具体建设

1.发展与教职员工的关系

学校的一切工作都要靠教职员工的辛勤劳动来完成，教职员工在某种程度上决定着学校教育质量的高低和教育教学效果的好坏。他们既是学校教育教学工作的中心人物，又是开展对外公共关系的依靠力量。创设和谐的学校内部关系，才能更好地调动教职员工的积极性，进而通过他们搞好对学生和对外部的公共关系。对教职员工的公共关系要着眼于以下几个方面：

（1）关心教职员工生活。教职员工除了有较高的精神需求外，也有物质上的需求。伴随着我国全面建设小康社会的步伐，教职员工物质上的需求份额会越来越大。学校领导在对这些物质需要进行正确引导的同时，要力所能及地解决好工资收入和福利待遇问题，要把教职员工的冷暖时刻放在心上，使教职员工感到自己在被关心、被体贴。

（2）及时通报学校情况。教职员工对学校工作非常关心，一般都有希望了解学校发展情况和现状的要求。如果情况不能及时得到沟通，就可能产生一些猜测，以致出现一些给学校带来混乱的小道消息。学校要抑制那些产生混乱的小道消息，就应经常向教职员工通报情况。

学校的校长室、办公室、教务处、总务处等管理部门应通过开会、墙报、报刊、内部通讯、员工手册、海报、财务报告等传播媒介及时地、真实地向教职员工通报学校的现状、政策宗旨、措施决定等内容。尽量地做到校务公开，而且让教职员工充分发表对学校的意见、看法，做到与教职员工能双向沟通。

（3）培养教职员工归属感。归属感是指组织成员对组织目标的认

同，确认自己是组织的一员，愿为实现组织目标而奋斗的一种心理体验。要做到这一点，可以通过各种活动形成组织气氛，使教职员工感到有必要为实现学校的目标任务、维护学校的传统和声誉而努力。

（4）与教职工联络感情。举办活动是开展公共关系的有效途径，通过活动来扩大影响、联络感情是学校搞好对教职员工公共关系的比较理想的方式。如逢年过节、周年庆典，举办全体成员聚会、舞会等文体活动以联络感情。

（5）使教职工有主人翁意识。让教职员工以学校主人的身份领导、参加一些社会活动和各种文化比赛、学科竞赛、公益劳动，发挥教职员工的聪明才智，引导他们参与学校管理，以增强其主人翁意识。通过校史展览和成就展览，通过新闻媒介的广告、新闻和学生的口头义务广告加以宣传，扩大学校的知名度和美誉度等，以增强教职员工的自豪感、归属感。

2.发展与学生的公共关系

学生是校园内最庞大的公众群体，搞好对学生的公共关系对学校有着特殊意义。对学生的良好公共关系不仅起着团结学生的作用，而且起着教育学生的作用，它能促进学生对社会的积极理解，也能帮助学生学会与人交往合作，学会待人接物，同时对学生的良好公共关系也是学校对社区、对学生家长开展公共关系工作最主要、最广泛、最经常的力量。对学生的公共关系主要应注重以下几点：

（1）建立良好的师生关系。建立良好的师生关系，首先，要融入到学生中，学会换位思考，真正理解和了解学生。其次，要有耐心，面对犯错学生时，要充分了解情况后，晓之以理动之以情。最后，要多关系和鼓励学生，每个学生都有好的一面，作为他们的老师，我们应该关注学生的各个方面，多发现他们的好处，并适当的鼓励学生，激发学生的潜能。

师生关系是在教育教学过程中形成的。良好的师生关系不仅是师生交往需要的前提条件，而且它一旦形成就会产生巨大的、无形的教育力量，它可以增强学生对教师的信赖感和对学校的向心力，使学生愿意接受教师传授的知识和价值观念，同时也让教育教学的过程带上愉快的色彩。

与某一学科教师有良好关系的学生，对该学科的学习兴趣浓，学习主动，学习效果也好。建立良好的师生关系关键在于教师，要求教师有高尚的职业道德，公正对待每一个学生，尊重学生人格，了解和重视他们的要求，积极开展正面教育，抓住学生特点因材施教。

（2）尊重学生的基本权利。学生是学校的主人，是自我教育的主体，他们有自己的思想、行为和权利。学生的主要权利有：在教师指导下，自主组织活动的权利；参与学校一些学习和生活制度管理的权利；对学校的教育教学、后勤、图书资料管理等提出意见的权利。

学生将这些权利看得很神圣，迫切需要教师尊重他们。尊重他们的权利，会促进他们对学校工作的理解、认同、尊重，使他们能尊重教师的劳动，增强他们的独立性，提高他们自我教育的积极性。

（3）培养学生的公关才能

随着社会的发展，公共关系已深入到各行各业，对组织、个人的发展有着越来越重要的影响。学校作为培养人、教育人的组织，理所当然应有计划、有目的地培养学生的公关才能。学生具备一定的公关能力，不仅有助于学生与教师、学生与学生之间建立良好的公共关系，而且有利于学校对外公共关系的发展。

学生是学校数量最大的内部公众，与外界有着非常广泛的联系，学生具备一定的公关能力，只要学生有爱校情感，他们就会主动向社会、家长、校友宣传学校的发展现状及所取得的成就，就会自觉维护学校声誉和形象，从而不断扩大学校影响。

校园外部公共文化的建设

学校与外部有着千丝万缕的关系。随着改革开放，学校的开放程度也越来越高，与外部的联系也越来越多，越买越紧密，学校发展受外界影响越来越大。

在现代社会，尽管有些学校有其独特之处，有其可以孤芳自赏的地方，但绝无可能与外界隔开，自觉主动地加强对外公共关系是学校管理的重要内容。

学校外部公众具有层次多、范围广的特点，学校开展对外部公众的公共关系，应着重注意对家长的关系、社区的关系、校友的关系、

上级政府和教育主管部门的关系及学校之间的关系等。

外部公共文化的具体建设

1.保持与家长的良好关系

对家长的关系是学校外部公共文化的一个重要方面，对于任何学校来说，家长都是最直接、最敏感，也是最有影响的外部公众。

家长在与学校的关系中应该扮演着这样的角色：是学校的客户；是学校教育工作的合作者；是学校工作的评价者和学校声誉的传播者；是学校资源的提供者或中间人等。家长通过学生与学校联系起来，对学校的发展自然非常关心，对学校的教育、教学、管理等信息也很感兴趣。

做好家长的工作，学校工作就获得了有力的支持者和同盟军。对家长的公共关系要取得成效，应注意许多方面。

（1）提高教育教学质量。不断提高学校的教育教学质量，把学生培养成合格的人才，是搞好学校和家长关系的前提和基础。家长送孩子上学的第一愿望是希望孩子学习成绩好，品行端正，将来有较好的前途。

学校要关心、爱护学生，强化内部管理，尽最大努力让学生学有所成，不断满足家长对培养孩子的要求。

（2）与家长加强联系。外部对学校的评价，一般总是来源于学生家长的感受。家长是学生的第一任老师，家长对学生的管理水平和教育方法，直接影响学校对学生的教育教学效果。家长对学校、对教师的态度和评价，又直接影响到学生对学校、对教师的态度和感情，影响学校整体的形象。

家长对学校的尊重和支持，有助于提高学校在社会公众心目中的地位和威信，有助于学校教育教学质量的提高。学校应通过各种渠道与家长进行经常的、坦率的交流和沟通。

一般情况下，家长对自己孩子的成长、前途都非常关心，他们也有与学校联络、沟通的需要。当然，家长与学校联系的出发点是为了自己孩子的健康成长。

学校应从满足家长这一需要着手，引导家长参与学校的教育活动和管理工作，主动宣传学校的目标、计划、取得的成就以及存在的困难，让家长了解学校，向他们宣讲教育科学知识，指导他们配合学校搞好子女的教育工作，使他们由被动的客体转变成学校工作积极主动的参与者。

学校可通过召开家长会、建立学校或班级家长委员会、举办家长学校、进行家访、开展家庭教育咨询等活动，与广大家长加强联系，增进相互了解，建立感情，从而实现公关目标。

（3）正确对待与家长矛盾。学校管理应严格按照规章制度进行，学校的教育教学活动要遵循教育方针、教育教学规律，集资学费及其他杂费应按照有关文件规定收取。

学校要从严格要求自身出发，处理好与家长之间的矛盾和问题，尤其要注意处理好与家长的经济关系问题。只要学校按要求努力工作，严以律己，就可以减少与家长的矛盾，即使产生一些矛盾，也容易妥善处理。

2.保持与社区的良好关系

社区是一个社会学的概念，有广义和狭义之分。这里所讲的社区是就其广义而言的，是指大社区，即聚集在一定地域中的社会群体和社会组织所形成的一种生活上相互关联的社会体系。

任何一个社会实体单位都处于两个体系，即行业体系和社区体系之中。学校属于社会的教育组织体系，与所在社区里的各种组织有机结合，组成社区体系。

学校公共关系中所说的社区关系，是指学校与周围同处这个地域的社会团体和其他组织及个人之间的睦邻关系。学校所在地的机关、企业、商业、服务业、居民组织、医疗卫生、公安、交通等单位都是社区公众。

这些公众构成了学校赖以正常运转的直接的外部环境。学校的师生、学生家长往往就是社区的居民，因而实际上社区就是学校内外公众的交汇处。

良好的社区关系，是学校生存和运转的基本条件之一。社区为学校提供生源，提供食、住、活动的条件，是学校工作的监督者，学校管理工作的好坏，学生质量的优劣，社区领导和群众都会明断。

对社区的依附性可以说是学校发展的一条规律。同样，作为社区的一员，学校的发展又能促进社区的进步，两者是相互依存的。学校对社区公共关系的基本目的是树立模范居民和模范单位的良好形象，发挥对社区的积极作用，争取与社区领导和群众融洽相处，同时获得必要的支持。学校对社区的公共关系要注重一些重要事项。

（1）参与社区精神文明建设。学校是育人场所，学校的教育代表了社会的要求。相对于社会来说，师生员工的思想作风、精神面貌更受人关注，所以学校要努力抓好校风、学风建设，开展经常性的精神文明建设活动，模范遵守社区的规章制度，维护社区治安和环境卫生，积极参加社区的公益活动，影响、改变社区的精神风貌，为社区的精神文明建设做出自己独有的贡献。

（2）积极促进社区经济繁荣。学校应根据自身特点，发挥文化优势，积极为社区的经济建设和其他建设服务，努力培养当地经济建设所需各类人才。同时学校也要发挥人才优势，为街道、乡镇企业的产品开发、销售出谋划策。学校还可发展校办企业，直接促进社区的经济繁荣。

（3）积极争取社区的支持。学校在为社区服务的同时，还要主

动争取社区的支持，要经常走出去，向社区公众介绍学校情况，同时也可把他们请进来参与学校活动的指导，让他们了解学校的期望和要求，从而支持学校的教育教学改革，帮助学校改善办学环境和条件，促进学校全面提高教育质量。

3.保持与政府的良好关系

政府是一个广义的概念。它有不同的层次，如中央政府和各级地方政府，还有不同的职能类型，如工商管理、土地管理、司法、税务等。

这里所说的政府，是就其作为国家权力执行机构的一般属性而言的，主要是指作为政府的综合职能部门以及专司主管教育职能的教育行政部门。在我国的学校教育体系中，政府教育部门充当着十分重要的角色。

首先，政府教育部门是学校的调节器。无论从政策和法律的制定与执行上，还是对学校发展现模和方向的管理上，它们都是从事某种协调、指导和规范的巨大的调节器。这种指导、调节和约束的作用不仅体现在公立学校、国立学校身上，而且也体现在私立学校以及其他形式的学校身上。

其次，政府教育部门是学校经费的主要来源。尽管这些年政府鼓励多种形式办学，但公立学校仍然是我国各级、各类学校的主体，尽管政府倡导多渠道筹措办学经费，但政府仍然是教育经费的主要支出者和管理者。

政府可以通过经济手段直接或间接地对学校施加影响，进行宏观方面的调控。再次，政府教育部门还是学校其他物质资料的保障者和供应者，同时也是学校人事、招生、分配的主渠道。

总之，在我国现阶段，政府教育部门对学校的影响和作用是十分巨大的。虽然自20世纪80年代开始，我国的教育行政体制几经革新而多有变化，但总的思路仍然是：根据当前世界范围内教育行政体制改革的潮流和我国国情，遵循集权与分权相结合的原则。

宏观上放开，微观上搞活，进行权力和责任的再分配与再调整。调动两个积极性，进一步增强政府的政治领导和宏观调控能力，强化而不是削弱政府对学校的权威领导。因此，无论哪一级学校，都要搞好与政府教育主管部门和主管机构的关系。

与政府教育主管部门学校是上下级的领导与被领导的关系，学校在行政上受上级的领导，在业务上受上级的监督、检查。政府教育部门运用政策、法规、信息等手段从宏观上调控学校。作为下级，学校只有得到政府教育部门的支持，赢得上级的理解、信任，才有望获得更大的发展空间。

学校应采取切实的公关手段和措施沟通、协调这种关系，使之随时掌握学校教育活动的情况，及时给予指导和帮助。学校在对政府的公共关系中应注意做到以下几点：

（1）要采取主动合作的态度。学校在宏观上自觉接受政府教育部门的指导和管理，恪守政府的有关政策和法令。学校即使有较大的自主权，校长有人事权、财经权、决策权，但对上级的指示、决定要认真领会、执行，尊重上级，配合上级人员对学校的检查、监督工作。学校的各项措施和行为应从所在地区政府教育部门全局着眼，多体谅上级的难处，要摒弃小团体思想。

（2）主动与政府教育部门沟通情况。学校领导人要充分了解政府机构，特别是教育行政机构的设置、职能结构、工作范围和办事程序等，与教育主管部门的工作人员保持经常性的联系和接触，按照职责范围和办事程序及时向他们报告本校的情况，包括人员变动、重大决策、各项成就、自身不能解决的问题等，提供信息，提出建议，并通过自身的活动影响政府决策，或通过与一些人大代表、社会贤达、社会名流、专家学者等权威人士的接触、交往，由他们去影响政府，争取政府支持。

（3）加强与政府主管人之间的联系。与政府教育部门的良好的关系，往往始于良好的人际关系，其中最主要的又往往是学校主要领导人与政府主管人士之间的关系。学校领导应加强与主管领导的联系，要充分利用学校的重大活动，如开学典礼、毕业典礼、校庆、大型体育活动、文艺演出、教学观摩活动、教育科研成果展览等机会邀请政府和教育部门领导参加。通过活动接触，使他们了解学校情况，关心和支持学校工作，同时也可以增进征服主管人与学校领导个人之间的情谊和信任。

（4）要积极塑造良好的社会形象。学校良好的社会表现，也有助于政府教育部门对其产生好的印象，学校要根据政府的要求，积极制定相应的计划和措施。学校要热心参与社区事务和社会公益事业，开展这些活动，有利于引起政府的关注，有利于政府对学校产生好感，从而为学校发展争取到更好的政策法律保障、社会条件和外部管理环境。

4.保持与校友的良好关系

校友是学校独有的一类外部公众，他们从母校毕业后分布在各行各业、天南海北，绝大多数校友对母校怀有深厚的感情，时刻关注母校的发展变化。很多校友，尤其是那些在事业上已取得成就的校友，迫切希望为母校的建设、发展出力。搞好对校友的公共关系无疑对学校的发展具有重要意义。对校友的公共关系，应做好以下几点。

（1）组织举办各种活动。学校可利用节假日举行各种文体活动、校友座谈、成果报告会等，还可以通过编制校友通讯录，寄送校刊、校报等方式通报情况。这样，就能更好地增强学校与校友、校友与校友之间联系，加深感情，也使校友看到母校的成绩，增强自豪感。

（2）积极宣传校友事迹。学校应注重收集校友的信息，应认真将那些在校表现较好、毕业后成绩突出、知名度较高、为国家、母校做出较大贡献的校友的事迹整理出来，在社会上、校友之间、在校学生之间进行宣传，也可邀请校友中的知名人士、英雄模范、专家学者到学校做报告等。

（3）组织各种校庆活动。校庆是校友返校、共叙旧情、共商学校发展大计的绝好时机，也给广大校友提供了一个报效母校的机会，学校要认真组织，达到搞好关系、振奋人心、争取支援的目的。

在校庆组织接待中要以情为重，防止重钱轻情。对校友要真诚接待，要公平对待，不能只欢迎、宣传那些"大款"而忽略其他校友，也不能只向校友伸手索取而对校友的事务和困难不闻不问，要体现出学校对校友的关心和支持，使校友能感受到学校对自己的真情。

5.保持与同行的良好关系

所谓同行关系，这里是指学校与学校之间的关系。社会上有这样一种不正确的观念，认为"同行是冤家"，对学校与学校之间的关系往往重视不够，有些甚至采取种种手段贬低对方，抬高自己，有的为了所谓的升学率和各类竞赛名次而不惜相互挖师资、抢生源、弄虚作假、以邻为壑。这些观念和做法都是十分错误的。

在我国当代社会，学校与学校之间应该是一种既有竞争、又有协作的伙伴关系，但竞争和协作的根本目的都是为了相互促进、共同发展，而不是相互拆台、阻碍发展。因此，加强校际之间的沟通联系、信息交流以及互相学习、互相支援和互相帮助十分重要。

学校与学校之间的沟通实际上也是社会沟通的一部分，但是它更特别，因为二者之间有更多共同语言的沟通。一般来讲，每个学校都有自己的长处和特点，全国各地有千万所学校，蕴藏着无限的教育思想，蕴藏着丰富的学校管理经验。作为学校管理者，应该重视对同行的公共关系。对同行的公共关系重点应解决好关键性的问题。

（1）摒弃错误观念。在思想深处彻底摒弃"同行就是冤家"的错

误观念，树立竞争协作、共同为国家培养合格人才的观念，积极在相近地区、相近类型的学校寻求沟通、交流和合作。

（2）客观对待他校。客观公正地评价本校、对待他校，要尊重他校，要看到各自条件的不同和起点的差异，学习他校的长处，同时积极就某些共同的问题定期进行探讨。

（3）创造特色风格。要创造自己学校的风格和特色，管理需要有法规、有模式，培养人才也应有一些基本的规格，但是，在一些基本法规下，在一些基本目标和规格下，必须有创造，有个性，有特色。

学校是从事心智活动的地方，讲究创造的地方，管理上应该是富有个性、富有特色、富有创造的。所以，学校与其他学校的沟通交流，虚心体会情况，研究情况，借鉴其他学校的经验，模仿他校的模式是重要的，但要注重本校的实际，不能一概模仿、照搬，要善于创造本校的特色，也只有个性、有创造的学校管理，在跟他校沟通和交流时才更有意义。

6.保持与媒介的良好关系

媒介一般是指社会上的新闻机构和工具，主要包括报纸、广播、电视、通讯社等。新闻媒介是学校与社会联系的重要渠道，对宣传学校起着举足轻重的作用。

新闻界的公众包括记者、编辑、节目主持人等。这类公众对于学校来说，具有双重意义，对于这些公众，学校立与他们交朋友，从为帮助对方完成采访任务来考虑，了解他们的职业特点，尊重他们的个性和人格，熟悉与他们交往的原则和方法，及时向他们提供有价值的新闻素材，配合和协助他们完成宣传任务。只有这样，才能保持与媒介的良好关系，才能不断争取媒介对学校工作的大力支持，从而能更有效地实现学校工作目标。

校园公众文化管理与领导

　　学校公共关系是指学校组织与其目标公众结成的社会关系，包括学校内部公众关系和外部公众关系。内部公众关系包括学校与教职员工、学生的关系；外部公众关系包括学校与家长、社区、特殊公众、媒体、政府、国际的关系。

　　学校公众关系管理指学校组织采用制度管理和人际领导方式，对其内部公众关系和外部公众关系的领导、管理与经营来获得公众对学校的了解、信任和支持。它具有日常性、稳定性、密切性和相对可控

制性的特点。本文的"公众关系"与"人际关系"意义等同，这里的"学校"是指中小学。

校园公众文化的概念

学校的公众包括校长领导团体、中层干部、教职员工和学生。学校公众关系管理即是员工关系和学生关系管理。其中，尤以员工关系为重，其目的是通过开展管理活动和传播、沟通活动，提高学校内部凝聚力，形成全体教职员工的士气和对学校、工作的忠诚感。员工关系是学校公共关系工作的起点，它涉及三个关键词：关系、沟通、领导。

1.关系

是指学校内部公众关系管理的内容和对象。包括学校组织内部横向和纵向公众关系。纵向公众关系指学校上下级之间的关系，也包括教职员工和学生之间的关系；横向公众关系指各个职能部门、科室之间的关系以及教职员工之间的关系。学校内部人际关系质量影响内部公众的生活质量和心情，影响工作效率和质量。

2.沟通

是指有效沟通，这是管理公众关系的手段。这种内部互动对话可以描述为两句话：管理者的姿态——"我知道你很重要，所以我要尊重你"；教职员工、学生的姿态——"因为我很重要，所以你应该尊重我"。

3.领导

领导是指学校公众关系管理首先在领导层面进行，其次才是管理和经营层面。任何组织的公共关系都是全员的，但是维护一个组织的各种关系说到底应该是高级管理人员的首要责任。

校园公众文化的管理

学校公众关系管理指学校管理者对教职员工、学生等内部公众关系的人际领导、制度管理和经营，具有重要的人力资源管理价值。

其管理思路是，学校与全体教职员工、学生之间通过双向沟通方式，在互利互惠原则下寻求并达到和谐一致原则，形成学校足以抵制外部不良影响的凝聚力。

其主要目标是形成士气高昂且有忠诚感的教职工队伍。在此前提下，学校内部公众关系领导和管理的方式是：在现有制度框架下尽可能实践人性化的管理哲学。

学校行政高级管理者如校长、书记、副校长和副书记，中级管理者如各科室、系主任，初级管理者如办事员和干事等。他们组成一个鲜明的管理阶层和队伍，具有行政特征。校长要依靠初级和中级管理者实现校内良好的人际关系。

这里从行政管理角度讨论行政管理者与教职员工的有效沟通问题，主要是制度和秩序层面的探讨，也是从沟通媒介运用和沟通方式角度探讨沟通内容和形式。

1.沟通内容

学校的目标和使命，包括学校的长期目标、近期目标、各项重大决策的内容、人事安排、计划完成情况等。员工管理的首要目标是帮助内部公众理解学校组织的发展方向和使命，随时让他们知道学校的业务脉络、工作思路、发展方向和目标，提供他们熟练地履行工作任务所需信息，鼓励员工维持和提高组织的质量改善标准和责任感，确认其成绩。

学校在竞争中的排序和位置，学校的综合质量评价。教学质量评价，考试在区、县、市、省或当地乃至于全国的排名位置，学校在当地社区中的信誉和声誉，以及公众对学校的评价。

教学改革情况，学校参与什么级别的教育和教学改革；改革的基本原则、指导思想；改革的具体实践和设计方案；需要教师支持和参与的方面和程度；改革的利害和效果。

先进人物及其贡献，学校中的获奖者是学校组织文化的带头人和榜样，用来诠释学校目前追求的价值观和打造文化基调，包括教学、科研、育人先进、优秀党务工作者及"三八"红旗手、"五一"奖章获得者、霍应东教学奖和科研奖等。

教职员工新闻，包括教师工作经验交流、文体活动、业务培训、出去开会、职位变动、课堂新闻、工作趣闻等。还可包括教职员工家庭中添丁、死亡、婚嫁、乔迁、生日、员工福利政策等方面的解释。

2.沟通形式

学校管理沟通过程是一个复杂的过程，沟通方式、沟通工具等运用不当会导致管理沟通的障碍，严重影响管理效率。学校管理者须遵循及时性沟通、适量性沟通、灵活性沟通、有效性沟通的原则，实行双向性沟通、支持性沟通、重复性沟通、综合性沟通等方式，消解学校管理的沟通障碍，从而促进教职工的关注、理解、认同和行动。

校园公众文化的领导

形成学校的凝聚力，培育士气，首先是校长领导的责任和使命。下面主要从人际领导角度，论述校长与员工关系的培养和士气的形成。

在一定意义上说，校长能想多远，学校就走多远。描绘和传递愿景的领导力是形成学校团队士气及其凝聚力的重要因素。对校长的建议是：

1.写下愿景规划

校长试着用五分钟的时间表述学校的前景规划：我的希望是什么？独特之处如何？学校十年后的规划如何？带来什么好处给大家？这些问题需要定期回顾和更新。

2.了解你的追随者

如果到一所新学校就职，你要尽快认识所有的员工，办法是：列出所有人在内的名单，尽快熟悉其背景资料，在合适的场合能够叫出所有人的名字，然后和每个人谈话，组成核心成员，经常与他们沟通。

3.扩展沟通技巧

校长要做语言和非语言技巧运用的行家，要语气肯定地说话，不说"力求怎么样"而是用"将要做什么"来表达你的信心。不说"但是"，而使用"对……而且……"的表达句式，因为"但是"会停止倾听，用"而且"就把肯定变成了补充。

作为一个领导者要学会尽可能快地、清晰而不带责备地指出错误，解释错误的负面影响，如果可以，将过错归结于没有清楚地解释工作任务。校长需要详细地重新解释工作任务，并确保对方已完全理解，表达你对当事人仍然充满信任与信心。

校园公共文化的具体实施

　　学校公共关系文化是在学校管理理论研究上开拓的一个新的领域。它是在我国社会主义市场经济发展、学校与社会的各种关系日益增多和日益复杂的实际情况下出现的，是对学校管理理论研究适应新的社会环境，在新的形势下不断发展的必然要求和必然趋势。

　　学校公共关系的目标就是通过学校与公众之间关系的相互协调，扩大学校的影响和声望，树立学校在社会中的良好形象，为学校的发展创造一个良好的社会环境，最终实现学校的办学目标。越来越多的

学校管理者已经认识到了学校形象对促进学校发展的重要意义，并有不少学校在加强公共关系管理塑造良好的学校形象方面进行了大量的探索与实践。

由于学校多设在社会中，尤其是中小学，学生通常来自社会的家庭，社会是学校的外在环境。社会不仅提供学生校外生活的空间，也是实践学校价值的场所，因此，社会的类型、社会背景、人口结构、文化特质，均影响到学校的措施及其发展。

校园外部公共文化的实施

1.积极参与社会的互动

学校是社会文化教育的机构，更是社会主要人力、物力及知识资源的集聚点。学校服务社会的方式有很多，如提供社会教育、协办社会活动，让学生参与社会服务，开放学校场地供社会使用等。

（1）社会调查。社会调查的内容可包括社会居民的人口结构、族群、宗教民俗、团体组织、领袖人物、权力结构、社会民众教育的观念，以及各种可利用的社会资源。社会调查需要建立社会资料库，以拟定学校与社会发展计划。社会的民意代表、各界知名人士都是社会的代表人物，也是整个社会的最有影响力的人之一，学校时常拜访这些重要人物，可获致社会民意的趋向。

（2）参加社会活动。社会所举办的活动，如村庙会、社团活动或是社会总体营造活动等，都是和社会接触的良好机会。参加各种不同的活动，使学校教师及学生较有系统、深入的了解家乡与社会的地理、生活和民俗，有助社会关系的建立。

（3）实地参访社会。学校教职员可利用文康活动或假日时间，亲自走访社会，接触社会人士及自然、社会环境，这是为最直接、亲近、了解社会的方式。

（4）提供社会教育。学校可开设社会成人研习课程、亲职教育讲

座以及亲子活动等，运用学校人力、物力资源，推动适合社会居民需求的教育活动，这有助于提升学校与家长及社会人士的互动交流，并使学校成为社会教育中心。

（5）学生参与社会服务。让学生参与社会服务工作，例如社会环境的清洁、访问仁爱之家或安养院等，这不仅可提高学生的服务精神，还可以培养学生对社会的认同感。同时开放学校场地，供社会民众使用，让民众于闲暇时从事有益身心健康之活动，可达资源共享的目的。

2.了解学生家长的想法

家长在教育过程中扮演一个关键性角色，良好的家长关系开始于频繁的、坦白的亲师沟通。学校教育人员应常利用电话和家庭访问等方式了解家长的想法。那么具体该怎么做呢？

（1）建立全面的家庭联络簿。学校教师可利用家庭联络簿，对学生在校表现及学校给家长的信息进行传达，并获知家长的反应。

（2）设立校务会议或课程委员会。根据高级中等以下学校教师评审委员会设置办法规定，家长代表可参与校务会议；教育法规定家长学校应邀请家长代表参与校务会议，还有九年一贯课程发展委员会必须有家长代表参加。由此可让家长借着实际参与学校正式会议，更多了解学校的实际的运作情形。

（3）成立广泛的家长会。学校应成立家长会，作为学校和家长之间沟通的桥梁。这是联系学校与全校家长事务的组织，由全体家长选举家长会代表参与学校事务，并对学校校务运作提供各项的资源协助。家长会也可以是班级生的组织，使班级老师与家长间、家长与家长之间在孩童教育和生活辅道上有一个交流的管道，以促进家长和老师之间的合作。

（4）开展说明会或座谈会。学校可定期或不定期的举办学校教学或校务说明会或座谈会，如九年一贯课程的说明会、行政革新说明会，使家长与社会全面的了解学校的教育理念和办学情况。

3.搞好非正式团体的关系

非正式团体在学校中是客观存在的，也是正常的，学校领导对其应有正确认识，不能对其置之不理。有的非正式团体与学校目标相抵触，有的则有利于学校目标的实现，学校应区别对待。要将其可能产生的积极作用发挥出来，要尽量减少其消极作用。

非正式团体中往往有一些作为代言人并敢于挺身而出的"意见领袖"，他们在非正式团体中有较大影响，学校领导要与这些人保持联系，要尊重他们，在一些重要问题上要诚恳地听取他们的意见，并要求他们配合做好工作。

4.搞好学校与媒体的联系

将学校的事情告诉社会，和媒体建立积极的关系是非常重要的，因为现今电视广播媒体普及，社会人士所知道很多有关学校发生的事情，都是通过媒体传播而来的。

很多学校行政人员没有将和媒体的关系摆在优先的位置，之所以会如此，一个重要的原因是：学校对媒体没有信任，甚至是有敌意。很多学校认为报纸和电视记者只会扬恶隐善，过分强调教育的坏消息，而降低好消息的重要性。

另一方面，媒体记者也时常抱怨教育人员太有防卫心，所以很难合作。因为有如此的不信任，一些学校主管相信和新闻界唯一的关系就是没有关系。

研究认为学校面对媒体的心情是矛盾的，既期待又怕受伤害，期待的是媒体能为教育尽心尽力，主动关心学校与社会的关系，报道真正的事实。同时又害怕媒体尽挑负面消息报道，或扭曲事实，让学校受到不公平的对待，所以学校人员尽量不和媒体接触，或是站在被动

的角色。

但是少了良好的媒体关系，学校在开展公共关系上是有不利的影响的。因此，现今学校和媒体关系应该以积极沟通取代以往的消极逃避，以建立彼此间良好关系。

（1）与媒体良好关系的形成因素。积极了解当地新闻业和记者。了解地方上各家教育记者的姓名、职责、权限，偏好的报道体裁，及截稿时间等事项，将有助于学校与记者联络上的方便，并且在新闻被扭曲或报道失真时，学校可以即时有效的处理。

（2）主动提供重要教育信息、新闻稿。学校应该经常传送有新闻价值的教育信息给媒体记者，而定期的将学校重大的消息用新闻稿的形式送给报社，这将可大大的增加学校消息被报道的机会。

（3）邀请媒体记者参加学校活动。学校举办大型教育活动或研讨会时，学校应该主动邀请媒体记者参加、采访，并提供相关的资料给记者成为新闻的体裁。这不但可以提升公众对教育活动的兴趣，又可以推销学校的办学成效，塑造良好的形象。

（4）指定专人负责新闻的发布。学校有必要指定一名新闻发言人与记者联络，发布新闻稿，提供可靠的消息及第一手资料，以避免信息传递出差错，并可降低记者做扭曲事实报道。学校所发布的新闻稿是学校对外形象的一部分，所以除了发言内容必须慎重外，也必须注意文字的修饰。

（5）诚实、真诚和坦率地公布事实。对记者不要说"不予置评、无可奉告"等用语。假如一时不知道答案，学校应该试着去寻找，并且在截稿前给记者回覆，以维护学校的信用。

（6）公平、公正地对待各媒体。媒体记者最怕是遗漏重要的新闻，学校如有重大活动时，应邀请每位记者参加，以示公平，避免造成"独家新闻"的情况。学校与媒体关系建立的原则如能把握，媒体将成为学校办学绩效的重要宣传途径，如此可提升学校形象，建立公众对学校的信赖与好感。

校园内部公共文化的实施

专家们曾给公共关系文化下了一个通俗的定义：就是把组织内部的工作、关系做好，才能在社会公众间树立良好的形象。而学校单位也一样先须做好内部关系，才能"内部团结，外求发展"。

假设内部关系做不好的话，可能会造成推动学校与社会关系之责任落在少数行政人员身上；学校所采取的行动步调不一致，成效相互抵触；由于缺乏内部沟通，学校成员对于正在进行的活动，或是计划中的措施一知半解，影响内部凝聚力；使家长与社会居民无所适从；以及当教职员工有良好的意见时，亦懒得提出。

因此，任何学校组织都应重视内部的公关传播，以减少内部的矛盾冲突，培养和谐气氛，以提高学校的教育绩效。

1.重视学校内部关系的理由

学校与社会关系不是少数行政人员的责任，而是学校成员的共同责任，良好的学校内部互动关系，将有助于学校与社会关系责任之分享。

良好的内部沟通可以使成员的意见受到重视，增加成员的隶属感，提高学校追求持续进步的动力，良好的学校内部关系有助于学校形成关怀的专业社会，健全学校内部关系则有助于整理方案的建立与推动。

2.学校内部关系的处理办法

第一是校长主动关怀及服务员工，校长应多利用机会实行："走动管理"，提高能见度，和部属沟通接触；对教职员个人的生活及工作主动关怀，了解部属的需求、想法；参加员工的婚丧喜庆活动，以使学校成员感受到认可与受尊重，增进成员隶属感。

第二是召开正式会议，交换意见及参与作决定：学校可利用各种会

议说明各项计划与方案、讨论学校行政或教学事宜，并于必要时召开紧急会议，以增加成员参与校务和作决定的机会，促进意见的交流。

第三是进行非正式沟通：组织目标虽然重要，但是个人需求亦不容忽视，两者应达到动态平衡状态为佳。除了正式的会议或公事外，学校行政人员和成员间要有更多非正式沟通的机会，因为这是最自然而轻松的联络沟通的方式，可增进成员彼此间的交流，达成正式沟通的情境。

第四，利用书面文件或公告方式传达信息：学校可定期或不定期的发行内部简讯，运用学校网页、电子邮件、公布栏等方式，将学校各项最新的资讯广泛告知每一个成员，以确保资讯流通。

第五，畅通"意见反映"管道：学校成员随时都可以对学校提出个人的意见，不论是善意的建言，或是负面的抱怨，都应有畅所欲言的机会，学校应设置"意见箱"、"电子留言板"、"电子信箱"等管道，让成员随时可以表达意见和需求，学校也应对问题迅速加以回应与处理。

第六，举办员工文体休闲活动：学校应常举办员工联谊活动，如自强活动、游艺会、郊游等，不仅可调剂身心、舒解压力，亦可联络成员和眷属的感情。

第七，校长和行政人员在为人处事上要以身作则。在学校相关的规定和工作的执行上对成员有要求时，也要同样要求自己，甚至更严格律己。要成员尊重自己，自己也要先尊重成员。

学校形象塑造与公共文化

随着社会对教育事业发展需求的进一步提高，教育改革的不断深化，学校面临着整体提升办学质量和水平的挑战。求生存，求发展，是每所学校都面临的现实问题。无论城镇学校，还是农村学校，无论是基础较好的重点学校，还是基础较差的一般学校，都需要在竞争中巩固发扬自身优势，形成自己特色，使自己立于不败之地。

塑造学校形象是推进学校自主发展的必然要求

学校要适应现代化教育发展的需要，追求个性化的自主发展，就要认真分析社会、家长的需要，学校现实的优势条件，重新审视原有的办学思路和办学思想，确立新的办学思想和发展策略。学校形象是我们必须认真关注和加以塑造的。

1.社会发展，要求学校有必须有良好的形象

现代社会的发展对学校教育提出了更新、更高的要求。面对日趋激烈的竞争形势和社会的飞速变革，社会对学校教育的认识也在发生变化，家长由注重学生的升学考试，到追求学生的全面发展、个性发展，特长发展；由只需满足学生学习知识的基本需要，到注重学校的育人环境，形象特色。因此，社会家长在评价学校，选择学校的时候，学校形象会在他们心中占有很大的份量。良好的学校形象会使学校在家长心目产生积极的心理倾向，会增大对学校的信任度和美誉度。

2.塑造学校形象有助于学校发挥内部优势

塑造学校形象要以现代教育思想和管理理念为指导，决策规范学校发展。在塑造学校形象过程中，首先要分析学校在所处的现实的环境和条件、可利用的资源优势、社会需求等，进而规划设计学校的发展思路，明确办学思想和目标。有了明确的办学指导思想和目标，就可以凝聚大家的智慧，心往一处想，劲儿往一处使，上下同心，推动学校的发展。其次，塑造学校形象的实施过程中要整合优化学校资源，打造学校文化环境，规范师生言行，调动一切可以调动的积极因素，充分发挥学校内部的各种优势，从而促进学校各项工作的整体优化，促进学校向前发展。

3.塑造学校形象有助于形成学校发展的外部优势

现代教育是一个开放的充满竞争的体系。任何学校的发展都离不开它所处的社会环境，离不开外界的支持。良好的学校形象，往往能够获得社会的认可和政府的支持。获得社会认可的学校生源充裕，筹措资金方便，优秀人才趋之若鹜，学校发展蒸蒸日上。学校形象的塑造，可以提高学校的质量和声誉，扩大对社会的影响，从而引起社会各界对学校更加广泛的关注、理解和支持。好的外部环境，可以有力地推动学校发展。

塑造学校形象是推动学校自主发展的过程

1.明确学校发展的目标与思路

学校形象是各构成要素的有机组合，是学校校风、教风、学风的集中体现，是学校文化、学校精神的结晶。塑造学校形象的根本目的是促进学校发展。为推动学校的发展，就要重新审视学校原有的办学思想，客观分析现有各种资源的优势、劣势，找准学校的发展目标，确立新的办学理念和思想。

2.建章立制，提高学校规范化管理水平

学校组织形象是学校形象重要的构成要素之一。一个学校有没有发展，在社会上有没有美誉度、信任度，很大程度上取决于学校内部管理，也就是学校的组织形象。针对学校管理涣散的问题，我们下大力气狠抓学校的规范管理，完善学校的各项规章制度，建立评价奖惩机制。通过制度规范师生言行，培养文明习惯，改变工作作风。在实实在在的工作中，我们逐步树立起了良好的干部形象、教师形象、学生形象，也使我们学校形象得到了改观。

3.凝聚人心，提高教师队伍素质水平

学校形象可以对师生员工起到教育、凝聚、激励作用。学校形象中所体现的办学理念、价值目标、行为方式以及文化氛围，无疑都会对师生员工的精神世界起找着无形的陶冶和有形的教育作用。良好的学校形象能够强化学校内部的凝聚力，使教职员工和学生能够自觉地实现与学校的心理认同，从而能够加强学校的向心力，有利于学校内部的团结统一。

4.设计展示学校形象，推动学校发展

塑造学校形象，还必须重视学校外部形象的设计和学校形象的宣传。学校形象的设计，首先要培育校园文化，提高学校环境的文化品位。其次，加强学校视觉识别系统的建设，如校徽、校旗、校歌、校服、标准色等，提高学校美誉度。再次，是学校的建筑布局和环境布置。学校的建筑布局体现一所学校的审美价值，浑然一体的建筑风格也能起到形象识别的作用。学校环境的布置是基于学习的基本设施用绿化美化去体现学校的精神追求。

塑造学校形象推进学校发展的出路之一

1.分析社会需求及学校发展的需要，确定思路

塑造学校形象要结合本地区社会发展的需要和学校发展需要，因时因地来确立。因为学校与社会有着千丝万缕的联系，在这种互动的

状态中，要深入分析社会和家长正在发生的教育需求变化。塑造何种学校想象，如何塑造？都要受到本地区经济、社会发展的制约，都要受到学校本身基础的制约。学校形象的塑造既要符合本地区社会对教育的需求，又要符合学校实际发展的需要。

2.围绕目标，精心策划组织

塑造学校形象是一个系统工程。学校形象本身是多种要素构成的集合体，是学校综合势力和整体面貌的体现。这里既包括内在的，又包括外在的。因此，在塑造学校形象过程中，要以学校发展的目标和总体思路为核心，围绕核心，制定周密的计划，并精心组织实施。

3.广泛发动，师生共同参与

学校形象塑造，是一个全员参与的过程。从制定计划，到实施落实，都需要学校师生员工的共同参与。只有大家共同努力，才能树立起良好学校形象，也才能真正起到推进学校自主发展的作用。

4.确定重点，分阶段实施

根据学校基础及实际发展的需要，塑造学校形象，要分阶段，分步骤实施。比如学校还处于需要规范阶段，那么实施重点就要以规范树形象。在规范的过程中创出特色，那就要以特色立形象。

5.密切联系社会，强化对社会的服务功能

良好的学校形象是宝贵的无形资产。学校形象好，容易获得学校成员的认同、家长的信任、社会的支持，可以优化、拓展学校生存、发展的空间，赢得更多的发展机遇。学校有教育和服务的功能，教育的目的还是要为社会服务。所以，学校发展要依托社会，依托社区，密切和社会的联系。学校发展要建立在服务学生、服务家长、服务社会的思想基础上。当社会家长真正看到学校为他们带来益处的时候，人们会热情地支持学校发展的。

图书在版编目（ＣＩＰ）数据

校园文化艺术活动管理指导手册 / 彭婷编著. -- 长春：
吉林出版集团有限责任公司，2013.11（2020.11重印）
ISBN 978-7-5534-3285-4

Ⅰ. ①校… Ⅱ. ①彭… Ⅲ. ①文娱活动－青年读物
②文娱活动－少年读物 Ⅳ. ①G241.3-49

中国版本图书馆CIP数据核字(2013)第226724号

校园文化艺术活动管理指导手册

彭 婷 编著

出 版 人：齐 郁
责任编辑：孙 婷 田 璐
封面设计：大华文苑（北京）图书有限公司
版式设计：大华文苑（北京）图书有限公司
法律顾问：刘 畅
出 版：吉林出版集团股份有限公司
发 行：吉林出版集团青少年书刊发行有限公司
地 址：长春市福祉大路5788号
邮政编码：130118
电 话：0431-81629800
传 真：0431-81629812
印 刷：北京兴星伟业印刷有限公司
版 次：2013年11月 第1版
印 次：2020年11月 第3次印刷
字 数：158千字
开 本：710mm×1000mm 1/16
印 张：12
书 号：ISBN 978-7-5534-3285-4
定 价：35.00元